地道四川小吃

本味

火花石

图书在版编目（CIP）数据

本味：地道四川小吃／火花石著. —北京：中国轻工
业出版社，2016.4
ISBN 978-7-5184-0744-6

Ⅰ. ①本… Ⅱ. ①火… Ⅲ. ①风味小吃－四川省
Ⅳ. ① TS972.142.71

中国版本图书馆CIP数据核字（2016）第001325号

责任编辑：高惠京　　责任终审：劳国强　　封面设计：王超男
版式设计：王超男　　责任校对：吴大鹏　　责任监印：马金路

出版发行：中国轻工业出版社（北京东长安街6号，邮编：100740）
印　　刷：北京博海升彩色印刷有限公司
经　　销：各地新华书店
版　　次：2016年4月第1版第1次印刷
开　　本：720×1000　1 / 16　印张：10
字　　数：200千字
书　　号：ISBN 978-7-5184-0744-6　定价：32.80元
邮购电话：010-65241695　传真：65128352
发行电话：010-85119835　85119793　传真：85113293
网　　址：http://www.chlip.com.cn
Email：club@chlip.com.cn
如发现图书残缺请直接与我社邮购联系调换
141721S1X101ZBW

四川小吃的 24小时

铃铃铃……在闹钟声无情的催促下老黄翻身下床，洗漱完毕后骑车出门。10多分钟后，到了自己苦心经营近20年的包子店。店里的伙计们都已经在各自的工作岗位上忙开了，再过一会儿这种个大、皮薄、馅满、味鲜的鲜肉大包将随着蒸汽迎来它的主人。

小区高层公寓17层一家的厨房中，王女士正在炉台边忙碌着，准备将碗中的鸡蛋搅拌均匀后上锅蒸熟，今天是她儿子小胖期末考试的日子。

3

李老大上班时间是九点，只要是工作日他几乎都会八点半准时到这家他钟爱的小吃店。"牛肉面二两、小份芝麻酱汤圆一碗"，不用他开口"眼镜"老板已经吩咐了后堂——老顾客的口味他都能记住八九不离十的。

"来嘛，牛肉干、冷吃兔整起，今天我请客！我给你们说：我的那只股票涨停全靠我天天吃牛肉干。海椒代表红红火火，牛肉就是牛气冲天！"说这话的人大家都叫他小张，他在这家证券公司大户室开户快一年了，炒股到底赚钱不赚钱没人知道，但他喜欢吃零食、无辣不欢的性格却是尽人皆知。

时间：中午十二点三十分

老成都肥肠粉
（第136页）
老成都白面锅盔
（第96页）

在经过了七个路口、八个转弯、九条小街后，美食杂志的周编辑终于找到了停车位并将车停在了路边。拿出相机、关上车门后径直走进了街对面的这家老字号肥肠粉店。

时间：下午两点三十分

老成都红油豆花
（第140页）
老成都红油凉面
（第48页）

"豆花儿、麻辣豆花、又麻、又辣、又烫又香的热豆花"，带着浓重乐山口音的李大哥站在自己的豆花担子边熟练地吆喝着。因为他家的豆花洁白细腻、配料讲究、口味独特，再加上价格公道，所以爱在河边喝茶的老成都们常开玩笑，说他是"府南河边豆花第一品牌"！

4

时间：下午四点三十分

叶儿粑（第122页）
腊肉豌豆粽
（第124页）

崇州怀远镇离成都市区只有一个多小时的车程，在老年合唱团担任指挥的叶阿姨每次随合唱团演出到这里，都会捎带上几十个当地最有名的小吃——叶儿粑回家，因为这是家里那两个小胖墩孙子的最爱。

时间：下午六点三十分

老成都担担面
（第50页）
老成都钟水饺
（第84页）

成都会展中心地铁入口处人来人往，排在候车队伍中来自上海的刘经理和苏主任此时刚结束一天忙碌的参展工作，准备搭乘一号线到城里。她们的目的地是位于市中心繁华路段的那家全国闻名的川味小吃城。

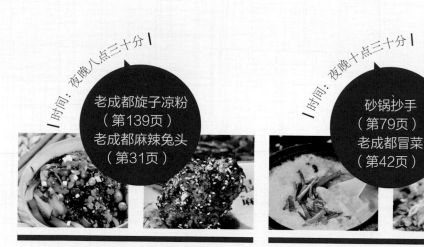

时间：夜晚八点三十分

老成都旋子凉粉
（第139页）
老成都麻辣兔头
（第31页）

时间：夜晚十点三十分

砂锅抄手
（第79页）
老成都冒菜
（第42页）

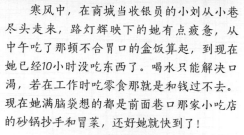

小宋是个身材高挑、说话文静的雅安妹子，经朋友介绍认识了来自攀枝花的恋人小王。上午，两人在电话中就约好今晚下班后到锦里逛逛。说是逛逛，其实小王心里知道他那个重口味的女朋友又想吃那家的旋子凉粉和麻辣兔头了。

寒风中，在商城当收银员的小刘从小巷尽头走来，路灯辉映下的她有点疲惫，从中午吃了那顿不合胃口的盒饭算起，到现在她已经10小时没吃东西了。喝水只能解决口渴，若在工作时吃零食那就是和钱过不去。现在她满脑袋想的都是前面巷口那家小吃店的砂锅抄手和冒菜，还好她就快到了！

时间：午夜十二点三十分

老成都蹄花汤
（第22页）
勾魂兔腰
（第34页）

时间：凌晨二点三十分

老成都素椒杂酱面
（第54页）
老成都清汤杂酱面
（第56页）

5

几年前，李二娃和老罗搭伙开了一家"冷啖杯"，因为讲诚信加上有当家菜砂锅煨蹄花和勾魂兔腰，生意一直不错。每天到了晚上十二点都还常常座无虚席。

成都市区一小区三楼的一间房内，火哥刚刚结束了新书的最后修订，此时他感觉自己饿了。近段时间，熬夜著书让他恢复了以前爱吃夜宵的习惯。但吃素椒还是清汤是困扰他多年的老问题！

目　　录

CONTENTS

**第一章
厨房里的秘密**

**第二章
香香嘴的小吃**

| 知名小吃 16 |

6

40 麻辣鸡翅　　41 油淋茶香乳鸽　　42 老成都冒菜　　44 逍遥鸭唇

45 油炸串串鱼　　川味面条 46　　47 老成都甜水面　　48 老成都红油凉面

50 老成都担担面　　52 宜宾燃面　　54 老成都素椒杂酱面　　56 老成都清汤杂酱面

57 老成都豆花面　　58 老成都炝锅面　　60 红烧排骨面　　62 酸菜肉丝面

63 老成都牛肉脆臊面　　64 红烧牛肉面　　66 生椒干煸牛肉面　　68 鸡丝奶汤面

70 泡椒鸡杂面　　72 大骨鱼汤面　　73 老成都浓汤海味面　　74 金汤青菠面

75 老成都煎蛋面　　76 老成都红油素面　　川味抄手 77　　78 红油抄手

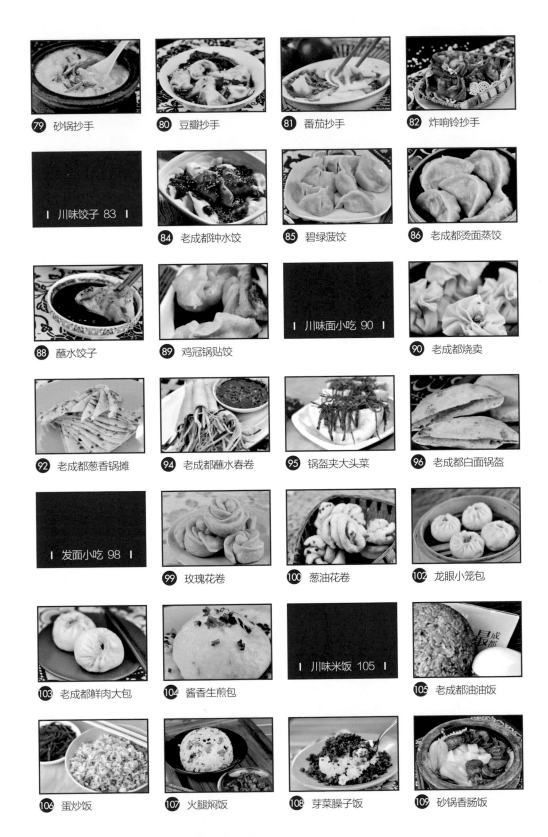

79 砂锅抄手　　80 豆瓣抄手　　81 番茄抄手　　82 炸响铃抄手

川味饺子 83

84 老成都钟水饺　　85 碧绿菠饺　　86 老成都烫面蒸饺

88 蘸水饺子　　89 鸡冠锅贴饺　　川味面小吃 90　　90 老成都烧卖

92 老成都葱香锅摊　　94 老成都蘸水春卷　　95 锅盔夹大头菜　　96 老成都白面锅盔

8

发面小吃 98　　99 玫瑰花卷　　100 葱油花卷　　102 龙眼小笼包

103 老成都鲜肉大包　　104 酱香生煎包　　川味米饭 105　　105 老成都油油饭

106 蛋炒饭　　107 火腿焖饭　　108 芽菜臊子饭　　109 砂锅香肠饭

110 牛肉盖浇饭　　112 酸菜肉丝盖饭　　113 时蔬煎蛋烫饭　　114 紫米红莲八宝粥

115 洋芋稀饭　　川味汤圆 116　　116 老成都三色汤圆　　118 老成都肉汤圆

120 老成都芝麻酱汤圆　　121 老成都珍珠圆子　　122 叶儿粑　　川味粽子 124

124 腊肉豌豆粽　　126 酱香猪肉粽　　127 香辣排骨粽　　128 麻辣牛肉粽

129 八宝紫米粽　　川味米小吃 130　　130 煮凉粉　　131 凉拌米凉粉

132 红糖年糕　　133 鲜玉米粑　　134 野菜馍馍　　流行小吃 135

135 老成都酸辣粉　　136 老成都肥肠粉　　138 老成都火锅粉　　139 老成都旋子凉粉

9

⑭ 老成都红油豆花　⑭ 麻辣土豆片　⑭ 老成都臊子蒸蛋　⑭ 美极香椿蛋卷

⑭ 苦荞煎蛋　⑭ 醪糟荷包蛋　⑭ 香煎土豆饼　⑭ 酥皮黄金梨

⑭ 鲜果金窝窝　⑭ 老成都豆汤　⑮ 银耳汤

菜品制作：张鹏

菜品顾问：舒国重

摄　　影：张鹏

摄影顾问：吕海

摄影助理：徐艳、罗俊茹

第 一 章

厨房里的
秘密

制作四川
小吃常用
器具

炒锅

| 炒锅从外形上大致可分双耳和单把；从材质分有生铁炒锅、熟铁炒锅、不锈钢炒锅、铝炒锅、铜炒锅等；从价值区分有几十块到上千块。建议一般小吃制作或家庭使用选一口直径40厘米左右的单把熟铁轻质炒锅即可。

锅铲

| 川味小吃中的锅贴类小吃如果缺了锅铲，那我们只能望锅徒发感叹了！

炒勺

| 炒勺分川式、广式等。厨师大多喜用炒勺而不常用锅铲，因为高速运转的厨房成菜流水线上，炒勺比锅铲在很多方面确实方便。小吃制作中此物为臊面臊子必备。

平底煎锅

| 选购平底煎锅时，一定要买厚底的，因为这样受热均匀。

蒸笼

| 蒸笼是传统四川小吃的必备用具，有竹制、不锈钢制、铝制等。根据制作不同小吃品种选购。例如原笼粉蒸牛肉必用竹制小蒸笼，而鲜肉大包就必选大蒸笼了。

烧菜锅

| 制作川味小吃用烧菜锅一般都是煮烧两用，选购时大小应依据出品数量。

蒸碗

| 以前蒸碗都为土制陶碗，此种碗是专为蒸菜设计，缺点就是易碎、不耐用。现在一般使用不锈钢制蒸碗。

饭碗

| 川味小吃使用的饭碗品种多、品质不同，依据自己喜好而定吧。

面碗

| 面碗为川味面食必备，川人吃面一般是按两计算，所以选购时一两、二两、三两面碗都需要配备。

盘子

| 川味小吃使用的盘子以小巧、美观、适用为主，对于盘子的选择直接关系到小吃成品的品质！

筷子

| 小吃筷子分长短，长的用于挑面，短的才是食客直接使用之物。以普通竹筷为佳。

汤勺

| 品尝川味小吃喜用陶瓷汤勺，调味更需要它，因为每一勺调料精准的用量都是多年积累的功夫。

漏勺

| 抄手、饺子、面条的出锅都离不开它，结实可靠就是选择标准。

丝漏

| 此物相比漏勺孔洞更小，现在大多为不锈钢材质，也有竹制品，是滤渣必备神器。

菜板

| 最好的菜板是原木切割的，其中又以皂角木菜板最佳。使用前可以用浓盐水或植物油浸泡几天，这样菜板不易开裂，使用后一定要竖起置于通风处。

案板

| 川味小吃中的面点很多出自此物件，宽大平整是基本条件，不锈钢案板清洁方便但太过光滑，天然材质案板才是首选。

擀面杖

| 擀面杖又叫擀面棍，分大中小号，面点师用惯的擀面杖那也是千金不换的。木质、光滑程度、整体幅度等都有讲究。

刀具

| 即便厨房所有刀具都具备，可制作川味小吃还需要一把面刀，如果要制作刀削面更需要一把削面刀。

烤箱

| 家庭使用普通家用烤箱就足够了，不同品牌的烤箱标注温度与实际烤箱内温度都有出入，使用前一定要多实验几次。

小秤

| 小吃面食配方要想精准必须使用此物，建议选购电子秤。

制作四川
小吃常用
原料

动物类

猪耳朵

猪拱嘴

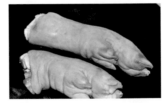
猪蹄

猪尾巴

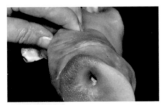
猪肥肠

猪五花肉

猪排骨

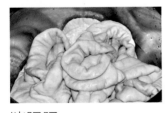
猪脆骨

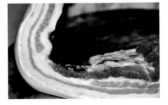
猪龙骨

猪棒骨

猪肉馅

猪油

猪脑花

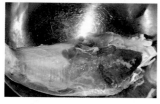
猪血

牛头皮

牛腩

牛腱子

牛腿肉

牛肉馅

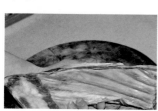
牛杂

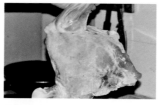
牛肚

牛油

羊排

羊腿

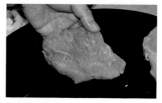
羊肉

公鸡

母鸡

鸡胸脯

5

鸡翅尖

鸡翅中

鸡腿

鸡爪

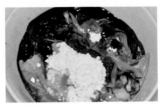
鸡杂

鸡蛋

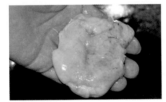
鸡油

整鸭

鸭头

鸭脖

鸭掌

鸭肠

鸭蛋

整兔

兔头

6

兔腰

鲫鱼

鳝鱼

串串鱼

田螺

小龙虾

河虾

植物类

大米

米粉

米线

米凉粉

年糕

糯米

元宵粉

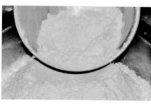
黑米

西米

高筋面粉

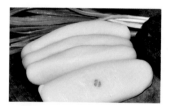
中筋面粉

低粉

低筋面粉

澄粉

切面

挂面

玉米粉

红薯粉丝

黄豆

豆花

内酯豆腐

豆干

豌豆

耙豌豆

豌豆凉粉

8

制作四川小吃
常用辅料

川盐

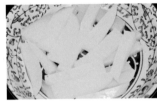

| 盐分井盐、海盐、矿物盐等，川菜主要以四川自贡的井盐为主。不同的盐有不同的咸度，这点请大家尤为注意。

白糖

| 白糖分甘蔗白糖和甜菜白糖等，川菜主要用甘蔗白糖。选择白糖以颜色纯白为佳，发黄、发黏、结块是因为白糖储存时间过久。

冰糖

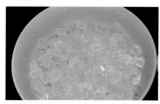

| 冰糖是白糖的结晶再制品，用于菜品制作可使成菜色泽更加饱满油润。

红糖

| 红糖是甘蔗汁经简单浓缩处理后的糖制品，营养成分相对白糖更加丰富。

糖色

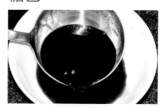

| 糖色是冰糖或白糖等经高温炒制到一定程度时，变色而制出的一种天然着色剂。糖色分水糖色、油糖色、水油糖色。

酱油

| 酱油又叫豆油，由黄豆、面粉、盐等材料天然发酵制成。川味小吃常用酱油有窝油、甜酱油、白酱油、复制酱油等。选购时以纯粮酿造天然氨基酸含量高者为佳。

醋

| 醋分老醋、白醋、红醋、果醋等，不同的醋有不同的使用方法，川菜常用为老醋，选购时以纯粮酿造醋为佳，同时注意酸度值，不同的醋有不同的酸度。

豆瓣酱

| 川味小吃常用豆瓣酱分为郫县豆瓣酱和家常豆瓣酱等，不同的小吃需要不同的豆瓣酱。选购时以颜色红亮、香味浓郁、咸度适中为佳。

四川豆豉

| 四川豆豉分为黑豆豉、家常豆豉、水豆豉、红苕坨坨豆豉等，常用的黑豆豉经天然发酵制成，以黑褐色、发酵充分、咸度适中、湿度适中、香味纯正为佳。

蚝油

| 蚝油是蚝与盐水熬制出的一种略带浓稠的天然调味剂，现已广泛应用于众多新开发川味小吃制品中。

美极鲜

| 美极鲜是一种在酱油基础上加入其他调味料制出的调味汁，因口感独特而被广大美食爱好者喜爱。

甜面酱

| 四川甜面酱又叫甜酱，是以面粉为主要原料经发酵而成的调味品。选购甜面酱应以红褐色、盐度适中、干稀适度、味正无杂质为佳。

料酒

| 本书中的料酒指黄酒，或以黄酒为基础调出的烹调用酒。

四川白酒

| 四川自古出产美酒，川酒用于川菜那是顺理成章的事，个别菜肴中烹入白酒会起到意想不到的效果。选购时以纯粮酿造、酒精度在52度以上的为佳。

醪糟

| 醪糟又叫酒酿、甜酒，选购时以乳白色、香味醇厚、甜中略带酸味为佳。

番茄酱

| 番茄酱是用成熟番茄加工而成，具有番茄特有的香味和色泽。

干辣椒

| 干辣椒是鲜辣椒的干制品，品种众多。川菜常用二荆条干辣椒、小米辣干辣椒、大红袍干辣椒、子弹头干辣椒等，不同的辣椒辣度大不一样，选购时以色泽红润、无杂质、无霉变、质干者为佳。

辣椒粉

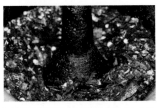

| 辣椒粉是干辣椒经过炒制或烘干后制成的，不同辣椒以不同加工工艺做出的辣椒粉品质相差极大。选购时，根据自己的喜好购买不同辣度的辣椒粉。以颜色纯正、粗细均匀、无杂质、无霉变、无结块、香味醇正为佳。

辣椒油

| 辣椒油又叫红油、海椒油、熟油辣子等，是辣椒粉加其他调辅料用高油温调配出的川菜特殊调味品。不同的辣椒粉、不同的调辅料、不同的油、不同的油温，甚至同样的材料、不同的人制作出的辣椒油都会有很大区别。

花椒粒

| 花椒在川菜中享有不可替代的地位，川菜常用汉源、茂汶花椒，花椒的选购以颗粒均匀饱满、颜色油润、无杂质、无霉变、香味持久浓郁为佳。

花椒粉

| 花椒粉是花椒经炒制后打磨而成，选购或制作时一次不宜过多，以一个月内用完效果最佳。

胡椒粒

| 胡椒粒分白胡椒粒和黑胡椒粒，川菜中几乎不用黑胡椒粒。白胡椒粒选购时以颗粒饱满、无异味、无霉变为佳。

胡椒粉

| 胡椒粉分黑胡椒粉和白胡椒粉两种，川菜常用为白胡椒粉。白胡椒粉以颜色纯正、无杂质、无异味、无结块、无霉变为佳。

孜然粉

| 孜然又叫安息香或安息茴香，孜然粉是孜然经打磨而成。以黄绿色、无结块、无异味为佳。

五香粉

| 五香粉并不只是五种香料组合打粉而成，主要由花椒、桂皮、大料、胡椒、小茴香、砂仁、豆蔻、丁香等香料组成，各家根据自己习惯和经验配方大不相同。以颜色纯正、无霉变、无结块、无异味为佳。

榨菜

| 榨菜为四川四大腌菜之一，以涪陵出产为最佳。选购时以咸度适中、口感脆嫩、无异味为佳。

芽菜

| 芽菜又叫金芽菜，分甜、咸两种，为四川四大腌菜之一，是将冬季芥菜洗净、拉丝、晾晒后拌入盐、红糖、香料后装坛密封腌制而成，以宜宾芽菜最为出名。选购以咸甜味适中、无老梗、无怪味、无霉变、无泥沙为佳。

四川大头菜

| 大头菜为四川四大腌菜之一，是芥菜腌制而成。以内江、龙泉出品为佳。选购时以大小均匀、咸味适中、无硬心、无泥沙、无霉变、无异味为佳。

四川冬菜

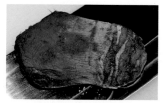

| 四川冬菜为四川四大腌菜之一，是芥菜加调味料经腌制而成，以南充地区出产为佳。选购时以咸味适中、无泥沙、无异味为佳。

芥末

| 芥末由芥菜籽经特殊工艺加工而成，分芥末油、芥末膏、芥末粉。选购时以色正、味冲、无杂质为佳。

淀粉

| 淀粉分为豌豆淀粉、红薯淀粉、玉米淀粉、土豆淀粉等，选购时以颜色纯正、无杂质、无异味、无结块、质地细腻为佳。

酵母

| 酵母是一种天然发酵膨松剂，广泛应用于面点制品中，酵母品种众多常用为干酵母。选购时注意保质期和包装情况。

食用碱

| 食用碱有很多种，最常用的为小苏打，干货涨发和去除面团的酸味都离不开它。

化学膨松剂

| 常用化学膨松剂有泡打粉、双效泡打粉、发泡粉等。选购时注意标识和保质期。

老面

| 老面又叫面肥、发面起子、老酵面等，是一种天然发酵剂。使用中需注意时间、温度、用量，一般使用时需配合食用碱。

芝麻酱

| 芝麻酱分黑芝麻酱和白芝麻酱两种，常用为白芝麻酱。选购时以颜色纯正、香味自然、无杂质、无结块为佳。

黄豆粉

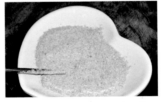

| 四川小吃用黄豆粉是使用干黄豆炒制后打粉而成，因其特殊的香味而被"三大炮"等四川知名小吃的广泛使用。

水果酱

| 水果酱为鲜果经清洗、切碎、熬煮、调味、浓缩等工序加工而成。品种很多，例如蓝莓酱、苹果酱、草莓酱等。

蜜饯

| 蜜饯是以果蔬为原料，经清洗、熬煮、调味、烘干等工序制成。

坚果

| 坚果包括核桃、松子、榛子、杏仁、葵瓜子、花生等。川味小吃使用的坚果一般为熟制品。

姜

| 姜又叫老姜、黄姜，川菜常用小黄姜。购买时，以形状规则、无损伤、无腐败、无黑心、姜味浓郁为佳。

葱

| 川味小吃用葱主要有大葱、小葱、洋葱、野葱等，选购时以新鲜、色正、味浓、形状完整为佳。

蒜

| 川菜用蒜分独蒜和瓣蒜。选购时以蒜瓣洁白饱满、无发芽、无腐烂为佳。

香菜

| 香菜又叫芫荽，一年四季均有出产。广泛应用于牛羊类小吃中。

味精

| 川菜中使用的味精按形状分为颗粒味精或粉精，颗粒味精主要用于热菜，粉精主要用于凉拌菜。购买时需注意味精纯度，味精不耐高温，热菜使用一定要起锅前添加。味精必须和盐配合使用，咸度不合适加再多味精也没用。

鸡精

| 鸡精是含有鸡肉成分的新一代增鲜、增香调料，适合大多数川菜烹调使用。菜品中不宜加多。

菜籽油

| 川菜常用的植物油为菜籽油，当然家里也可以准备芝麻油、玉米油、花生油等其他植物油类。

猪油

| 川菜常用的动物油为猪油、鸡油、牛油等，好的动物油都是买原材料后自家熬出来的，最好不用外面卖的。

制作四川小吃
常用技法

炒

炸

煎

烤

煮
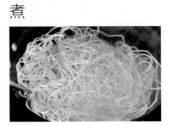

烧

炖

蒸

常用调料
换算表

每种调味料以家庭常用普通小汤勺一平勺称量的实际克重如下表:

品名	重量（克）	品名	重量（克）	品名	重量（克）	品名	重量（克）
盐	10	胡椒粉	5	酱油	12	花椒油	7
白糖	11	芝麻	6	醋	10	辣椒油	10
味精	8	淀粉	6	美极鲜	12	郫县豆瓣酱	17
鸡精	6	红薯粉	8	老抽	12	家常豆瓣酱	17
花椒粉	5	辣椒粉	6	料酒	12	糖色	10
五香粉	4	花椒	4	白酒	8	甜酱油	12
孜然粉	4	豆豉	18	香油	7	芝麻酱	12

第 二 章

香香嘴的
小吃

老成都夫妻肺片

我家从1949年前就住在成都北门府河边的下河坝街，到上世纪九十年代的北门大桥下桥位置是一个很长的坡，桥头的左边是老成都鼎鼎有名的老字号"师友面"，街对面也是很出名的"临江楼"，就在这两家老字号的附近还有一家卖牛肉的清真小店（店名我确实不记得了），虽然名气不大但生意却比这两家还好。每到中午，停在门口吃饭的人力三轮车把北大街都要堵一半，当时警察不管这些，呵呵……这家店最出名、也最好吃的有两样东西，一个是清炖牛肉汤，一个就是夫妻肺片。

那时候买这些东西都是我的事，张大爷直接拿钱给我他就继续看成都晚报、喝三花去了，当初对于"夫妻"二字我还可以理解，但让我好奇的是，为啥这么好吃的东西大家却叫"废片"？也没看那个胖大姐加啥特殊调料，为啥这东西就那么好吃？这些谜团在我拜师学艺以后才一一解开。

16

| 主 料 |
牛头皮150克，牛肚150克，牛肉200克，青芹菜100克。

| 调辅料 |

Ⓐ 白卤水料：大料、草果、花椒、白蔻、小茴香、桂皮、香菜籽、香叶、生姜、料酒、盐、鲜汤各适量。

Ⓑ 麻辣拌料：酱油5克，盐3克，花椒粉1克，白糖2克，辣椒油80克，牛肉卤水100克，味精2克，熟白芝麻少许，油酥花生米2克。

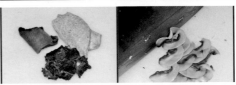
制作过程

1 用白卤水料将牛头皮、牛肚、牛肉卤熟，晾凉，备用。

2 牛头皮、牛肉、牛肚片成薄片。

3 切好后放在一起备用。

4 青芹菜切段，打底。

5 将切好的肺片放在芹菜上。

6 卤水中加入少许酱油、味精、白糖、盐。

7 将调好的味汁淋在肺片上。

8 再淋辣椒油、撒花椒粉、熟白芝麻、油酥花生米，就可以上菜了。

小秘密

1 这道菜的原材料中还可添加牛舌和牛心。
2 这几样材料白卤前一定要先氽水，否则味道会比较重。
3 切牛头皮时，一定要凉后用锋利的菜刀均匀切下。
4 白卤水是不加着色剂（糖色、老抽、栀子、红曲米等）的卤水，白卤水的卤汁颜色是淡淡的茶色。
5 这道菜为保证成菜有芹菜香味，建议用青芹菜或白芹菜而不用西芹，芹菜越嫩越新鲜越好。

老成都粉蒸牛肉

| 主　料 |

牛腿肉500克。

| 调辅料 |

蒸拌料：蒸肉米粉150克，姜粒3克，自制五香粉2克，白酒5克，辣椒粉15克，郫县豆瓣酱10克，盐2克，白糖1克，味精2克，菜籽油少许，糖色5克，鲜汤适量。

淋汁料：红油10克，花椒粉0.5克，蒜水15克，香菜适量。

| 小秘密 |

1 牛肉也可选用牛肋条略带肥肉的部分。
2 蒸肉米粉不能碾压太细，否则影响成菜口感。
3 蒸制时防止蒸碗上水。

制作过程

1 牛腿肉切片后加入蒸拌料。　2 搅拌均匀后装入蒸碗中。

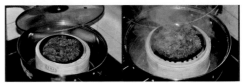

3 上笼加盖大火烧开上汽。　4 上汽后转中火蒸1.5小时就蒸好了。

5 将粉蒸牛肉扣入餐具中。　6 粉蒸牛肉加上淋汁料即可。

老成都牛肉干

┃主 料┃

牛腿肉1500克。

┃调辅料┃

Ⓐ 牛肉码味料：五香粉15克，盐10克，料酒20克，老姜5克。

Ⓑ 炒制料：菜籽油适量，糖色30克，冰糖30克，辣椒粉50克，盐10克，花椒粉5克，味精5克，熟白芝麻10克。

┃小秘密┃

1 牛肉需选用去筋后腿肉或牛里脊肉。
2 可根据自己对辣度的喜好，选用二荆条辣椒粉或朝天椒辣椒粉，适当增减用量。

制作过程

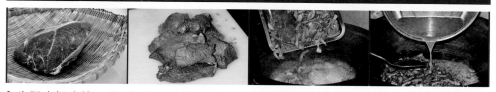

1 牛腿肉切小块，用五香粉、盐、料酒、老姜码味1小时，下锅加水煮。

2 水开后小火煮1小时，将牛肉捞出晾凉、切条，煮牛肉的原汤滤渣，备用。

3 锅内菜籽油烧至六成热，加入牛肉条煸干水分。

4 加入煮牛肉的原汤。

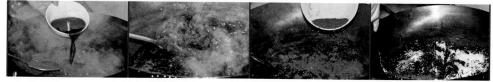

5 加入糖色、冰糖、盐。

6 中小火慢慢熬，直到汁水收浓。

7 加入辣椒粉。

8 加入花椒粉、熟白芝麻、味精炒香，起锅。

川香小酥肉

主 料

猪三线五花肉500克。

调辅料

小黄姜粒10克，淀粉30克，盐3克，鸡精3克，白糖3克，鸡蛋1个，料酒10克，青蒜5克，花椒粉1克，菜籽油适量。

小秘密

1 三线五花肉是猪五花肉中最精华的部分，若是完全拒绝吃肥肉也可用猪里脊肉代替。

2 五花肉去皮、切片，厚度约为筷子的厚度。

3 腌制好的五花肉片下锅炸前需再次拌匀。

4 青蒜也可以用小葱或洋葱替换。

制作过程

1 猪五花肉去皮、切片。

2 小黄姜粒加入切好的肉片中。

3 再加入淀粉、盐、鸡精、白糖、鸡蛋、料酒拌匀，码味20分钟。

4 锅内菜籽油烧至六成热，用筷子将肉片依次下入油锅炸制，注意保持油温。

5 待肉片被炸得金黄色，即可出锅。

6 将青蒜洗净，剁细成青蒜花。

7 炸好的小酥肉就可以起锅了。

8 趁热均匀撒上花椒粉、青蒜花，这时的小酥肉已经香气扑鼻了。

老成都蹄花汤

　　在大多数成都人家里还没有天然气的年代，每家厨房里使用的是现在人看来极不环保的蜂窝煤炉子，当然火哥家也一样。年复一年、日复一日换煤、通火、掏炉灰、倒炉灰就是老妈的家庭作业，不但要做而且还要做好，要不然就要在烟熏火燎中重新起炉子。还记得，那时全家人特别是老爸最爱啃老妈做的猪蹄，就是那种用蜂窝煤炉子煨的稀溜耙软的蹄花。

　　将处理干净的新鲜猪前蹄放入那好像是为了蹄花而生的荥经砂锅中，加上清水、老姜、花椒后将砂锅稳稳地放在蜂窝煤炉子上，加上一块煤，几个小时的等候那汤浓味美、入口即化的老妈版白芸豆炖蹄花就可以上桌了。饭桌上蹄花被筷子轻轻夹着在青椒酱油蘸水中翻腾，全然没有吃相的火哥在不经意间，总能看见老妈不时用满足而温馨的目光看着老爸、我姐和我享受这道她用心制作的美食……

∎ 主 料 ∎

鲜猪前蹄2个，白芸豆50克，薏仁20克。

∎ 调辅料 ∎

老姜15克，汉源花椒1克，酱油15克，小青椒10克。

制作过程

1 用尖刀将猪前蹄从内侧中间切开，并将蹄筋挑断。

2 治净的猪蹄下锅氽水。

3 猪蹄氽透捞出，用冷水冲洗干净，用毛夹子将猪蹄表面的细毛彻底清理干净。

4 将处理干净的猪蹄放入砂锅，加满凉水并放入老姜、汉源花椒。

5 大火将砂锅快速烧开，迅速改小火，此时需用筷子将猪蹄微微提一下，这样可以避免煳锅。

6 盖上锅盖，小火炖1小时，加入泡好的白芸豆、薏仁烧开，后再炖3个小时左右，直至猪蹄耙软入口即化为止，总共需要4个小时左右哦！

7 炖好的猪蹄。

8 剁碎的小青椒加点酱油，就是蹄花的蘸水。

∎ 小秘密 ∎

1 白芸豆和薏仁需要提前用温水浸泡，时间大约8小时。

2 挑断猪蹄筋一是可以在猪蹄氽水时彻底除尽猪蹄内部的血污，二是炖好的猪蹄成菜美观。

3 猪蹄下锅氽水一定是冷水下锅，水没过猪蹄即可。

4 炖汤过程中是不加盐的，汤炖好后依据个人的口味加盐。

5 蹄花吃完了，这个汤可是不能浪费，加点米饭烧开就是一碗超完美的蹄花烫饭。

油炸圆子

| 主 料 |
鲜猪肉馅500克，青菜150克。

| 调辅料 |
胡椒粉2克，盐3克，鸡精2克，鸡蛋1个，淀粉30克，姜汁15克，料酒15克，番茄沙司、菜籽油各适量。

| 小秘密 |
1 圆子中加的蔬菜不可过多，否则油炸时不易成形。
2 猪肉馅肥瘦比例以3：7为佳。

制作过程

1 青菜洗净。

2 鲜猪肉馅加入剁碎的青菜、胡椒粉、盐、鸡精、鸡蛋、淀粉。

3 再加入姜汁、料酒、清水。

4 搅拌圆子馅料一定要顺着一个方向由慢到快搅拌。

5 用手挤出圆子后，下入烧至六成热的油锅中。

6 保持油温六成热，炸至圆子表面金黄后捞出，配番茄沙司蘸碟就可以上桌了。

烤脑花

| 主 料 |

猪脑1个。

| 调辅料 |

姜片3克，花椒1克，葱段5克，白酒5克，盐5克，姜丝20克，香辣豆豉酱30克，猪油渣15克，原汤适量，味精2克，葱花3克。

| 小秘密 |

1 为保证成菜品质，脑花必须剔除筋膜。

2 烤制时，烤箱无需预热。

制作过程

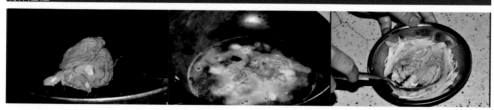

1 新鲜猪脑用牙签剔除血污和筋膜。

2 粗加工后的脑花下锅，加姜片、花椒、葱段、白酒、盐，以小火煨10分钟左右。

3 煨好的脑花放在姜丝上。

4 加入香辣豆豉酱、猪油渣、原汤。

5 放入烤箱以170℃烤25分钟。

6 烤好后撒味精、葱花即可上菜。

山椒泡甩不累

我们成都人戏称猪尾巴为"甩不累"。这根小小的尾巴现在可是稀罕物，价格是普通猪肉的好几倍，但是想想也觉得挺值，毕竟一两百斤的一头猪这个尾巴才只有几两重。大多数时候我们都是将这个尾巴烧着吃、卤着吃、煸着吃，火哥这道泡着吃的猪尾巴，不但做法简单而且酸辣入味，口感也不会很腻。

| 主 料 |

新鲜猪尾巴300克，青笋100克，洋葱100克，甜椒100克。

| 调辅料 |

Ⓐ 泡菜水料：泡野山椒150克，白糖100克，盐10克，味精5克，白醋100克，桂叶5片。

Ⓑ 煮猪尾巴料：老姜10克，大葱10克，料酒15克，花椒1克。

制作过程

1 在洗净的玻璃容器中加入泡野山椒、白糖、盐、味精、白醋，搅匀。

2 加入青笋、洋葱、甜椒，再加入桂叶提香。

3 新鲜猪尾巴去毛，洗净后冷水下锅，加老姜、大葱、料酒、花椒、盐煮40分钟捞出，用凉水冲凉，剁成小块。

4 剁好的猪尾巴加入事先准备好的泡菜水中。

5 刚好装满一瓶后，用手盖住瓶口快速摇匀，放入冰箱。

6 2小时后猪尾巴就泡好了。

| 小秘密 |

1 泡野山椒最好是选用东古牌的，这种泡野山椒味道较好。

2 煮熟的猪尾巴剁成小段，比较粗的根部可以砍成两半，这样便于快速入味。

3 若口味重，也可以将野山椒剁细后再加入，这样辣得更加彻底。

4 泡制过程中，需上下摇动几次。

5 泡菜水不可反复再用。

柚香月牙骨

秋季干燥，很多喜欢吃辣的朋友都说想吃辣又不敢吃，因为怕上火！怎么办？火哥给你推荐这道柚香月牙骨。这道菜用的脆骨是传说中猪身上最好的一块骨头，一头猪就长那么少许的月牙骨，所以很不好买。还好，最近我大量灌香肠而顺便集齐了这么多的月牙骨，过瘾啊！柚子皮是好东西，大家吃了柚子肉后可不要扔，平时咳嗽什么的用柚子皮熬水，加点蜂蜜就是特效药。今天这道菜因为加了蜜柚皮就可以大大降低上火的概率，不信你也试试。

| 主　料 |

猪月牙脆骨500克。

| 调辅料 |

Ⓐ 码味料：老姜片10克，五香粉3克，白酒10克，盐5克。

Ⓑ 炒制料：菜籽油适量，辣椒粉20克，孜然粉5克，熟白芝麻5克，味精3克，白糖15克，鲜蜜柚皮适量。

制作过程

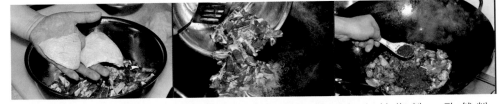

1 猪月牙脆骨剁成小块。

2 以老姜片、五香粉、白酒、盐码味1小时。

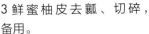

3 鲜蜜柚皮去瓤、切碎，备用。

4 锅内菜籽油烧至六成，将码好味的月牙骨下锅煸炒至出香、亮油。

5 加入辣椒粉、孜然粉炒匀。

6 再撒上熟白芝麻、白糖、味精。

7 炒匀起锅装盘。

8 切碎的蜜柚皮均匀撒在表面，就可以上桌享用了。

香辣冷吃兔

┃ 主　料 ┃
现杀活兔1000克。

┃ 调辅料 ┃
菜籽油适量，干辣椒节40克，花椒粒10克，盐5克，辣椒粉40克，五香粉10克，糖色50克，香干100克，熟白芝麻10克，鸡精3克。

30

┃ 小秘密 ┃
1 煸炒时，锅内的油变得比较清亮就可以了，水分多的时候油是混浊的。
2 辣椒粉的主要作用是提色和调节香辣度，可根据自己喜好选用二荆条辣椒粉或朝天椒辣椒粉，前者香辣、后者特辣。
3 最好是用成都特产"薛涛香干"。这是一种干香型豆腐干，可不加或用其他豆腐干代替。

制作过程

1 现杀活兔剁成1厘米左右的小块。

2 锅中菜籽油烧至五成热，加入干辣椒节、花椒粒炒香。

3 兔块下到炒香的辣椒中加盐后大火快速煸干水分。

4 先后加入辣椒粉、五香粉、糖色。

5 加入切好的香干。

6 加入熟白芝麻、鸡精后炒匀，起锅装盘。

老成都麻辣兔头

| 主 料 |

新鲜兔头20个。

| 调辅料 |

A 卤料：大料、草果、花椒、白蔻、小茴香、桂皮、香叶、良姜、生姜、大葱、料酒、盐、鲜汤各适量

B 兔头拌料：辣椒粉10克，花椒粉2克，辣椒油100克，鸡精10克，盐10克，白糖15克，油酥花生米15克，油酥葵瓜子15克，熟白芝麻10克。

| 小秘密 |

1 新鲜兔头清洗并处理干净，是麻辣兔头整个加工过程中最麻烦的一步。新鲜兔头上多少还残留着兔毛或其他污物，必须要一个一个用刀整理干净并反复冲洗。

2 辣椒粉、花椒粉用于调节麻辣度，可依据自己口味增减。

3 因卤熟的兔头软烂，所以兔头与调料拌匀时要注意控制力度，以防破坏兔头而影响成菜形状。

制作过程

1 新鲜兔头清洗并处理干净，下入卤水中卤制。

2 兔头的卤制时间比较长，需用小火卤2小时左右。

3 卤好的兔头捞出，趁热加入辣椒粉、花椒粉、鸡精、盐、白糖。

4 再加入辣椒油。

5 再加入炒香的油酥花生米、油酥葵瓜子、熟白芝麻。

6 将兔头与调料拌匀即可。

老成都红油兔丁

多年前，成都的红星路可以算是美食一条街了。不长的距离云集了韩包子、红星兔丁、晋味餐、味之颐、老四川……由于当时父亲卖机电产品的商铺就在这些老字号附近，所以这些美食我可没有少吃，常常是买了兔丁，然后又去对面的韩包子排队买包子。小时候觉得红星兔丁太好吃了，有一种不忍停筷子的感觉。吃完了兔丁，用包子皮或馒头蘸着兔丁的调料吃也相当巴适。随着年龄的长大，我也终于探究出了这道老成都红油兔丁的具体做法。

| 主 料 |

仔兔半只（约600克）。

| 调辅料 |

Ⓐ 煮兔料：花椒0.5克，姜片5克，料酒10克，葱段5克。

Ⓑ 拌兔料：葱段100克，酱油20克，白糖30克，豆豉酱50克，汉源花椒粉2克，辣椒油100克，熟白芝麻少许。

制作过程

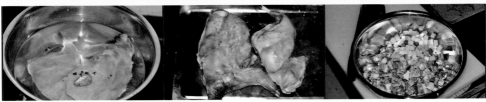

1 仔兔半只冷水下锅，加花椒、姜片、料酒、大葱大火烧开。

2 水开后转小火焖煮15分钟，捞出、晾凉。

3 晾凉的熟兔剁成1厘米见方的小块，加入葱段拌匀。

4 调味碗中加入酱油、白糖、豆豉酱、汉源花椒粉、辣椒油调好。

5 放入兔丁中拌匀。

6 撒熟白芝麻装盘上菜。

| 小秘密 |

1 快煮熟时选兔子身上肉最厚处，将筷子插下去，若抽出没有血水冒出就说明兔子煮好了。

2 豆豉酱需选用四川豆豉以菜籽油提前炒香，也可用市售香辣豆豉代替。

勾魂兔腰

　　"勾魂"二字对于个别男性而言，第一时间脑袋中浮现的都是各种艳丽的魅影，但对于我们广大吃货来说就有另外的解释了。很多四川的吃货朋友们往往都有这种经历，当离开家乡久了，下飞机第一件事往往不是回家，而是和亲人们直接去火锅店先把麻辣瘾过了再说。我说的这个绝非小概率事件哦，不信你们可以问。坦白交代，火哥就属于这种人！当然，对于顶级川味吃货来说三五天不吃花椒、辣椒就已经很久了！

　　这道勾魂兔腰其实算一道火锅菜，它勾出的不但是火哥和众多吃货们的口水和肚子里的馋虫，最重要的是勾出我们对家乡火锅的特殊感情。

┃ 主　料 ┃

新鲜兔腰300克。

┃ 调辅料 ┃

火锅底料150克，盐1克，鸡精2克，鲜汤适量，蒜粒5克，葱花2克，芹菜花2克。

┃ 小秘密 ┃

1 根据不同的火锅底料咸度，需适当调整盐的用量。

2 若喜欢吃辣，可以在汤中加入切碎的小米椒。

3 兔腰也可换成其他荤素原料，例如鸡肾、肥牛片、羊肉片等。

制作过程

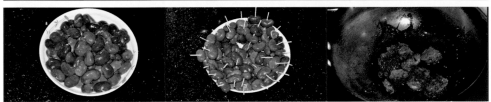

1 新鲜兔腰去掉外层的筋膜，洗净备用。

2 用牙签将两个兔腰连在一起。

3 火锅底料下锅。

4 加鲜汤后将底料烧开。

5 下入兔腰，加盐，大火烧开后用小火焖10分钟左右让兔腰入味。

6 将焖熟的兔腰加鸡精后装碗，加入蒜粒、葱花、芹菜花，完美的勾魂兔腰就可以上桌了。

峨眉钵钵鸡

作为吃货的火哥，闲暇时就喜欢开着车到处找好吃的。关于钵钵鸡，我吃过很多版本：乐山的、峨眉的、眉山的、洪雅的、邛崃的……但是让我印象最深的还是峨眉的五哥做的那份全是凤爪的版本。五哥说钵钵鸡菜品中的精华绝对要数这道去骨的土鸡爪，土鸡爪去骨以后省去了吐骨头的烦恼，绵软中又有嚼劲的去骨土鸡爪经过浸泡饱含特制蘸水，那感觉怎一个好吃就能描述？这种美味让人怎么能淡定？口水中、口水中啊！

| 主 料 |

去骨土鸡爪500克。

| 调辅料 |

Ⓐ 煮鸡爪料：盐3克，花椒0.5克，小黄姜片3克，白酒5克，葱段5克。

Ⓑ 调味汤料：原汤500克，盐5克，白糖10克，鸡精5克，芝麻油15克，藤椒油30克，辣椒油100克，葱花适量。

制作过程

1 去骨土鸡爪洗净。

2 去骨土鸡爪加水、盐、花椒、小黄姜片、葱段、白酒煮熟，原汤晾凉，备用。

3 用竹签将鸡爪穿起来。

4 穿成一串的鸡爪，原汤滤渣备用。

5 滤渣后的原汤加盐、白糖、鸡精后搅匀。

6 加入芝麻油和藤椒油。

7 加入辣椒油、葱花。

8 穿好的鸡爪放入调好味的汤中浸泡几分钟即可。

小秘密

1 净鸡爪冷水下锅，大火烧开后焖煮20分钟。为保证口感，煮好后的鸡爪不要急于捞出，让其在汤中自然冷却后再捞出。

2 葱花可根据自己喜好换成薄荷、藿香、香菜等。

3 要想鸡爪味道更浓，可以适当在调味料中多浸泡一会儿。

4 若口味重，还可以用鸡爪蘸干碟吃。干碟配料为辣椒粉、花椒粉、熟黄豆粉。

天主堂鸡片

前几天炼好的红油在厨房简直不老实啊！只要我稍微靠近厨房那个区域，它就时不时飘出一阵阵的香味诱惑我的味蕾，太讨厌了，我真想跟红油说："麻烦你消停一下行不行，我在减肥啊！"（说实话，减了几年了效果都不好，原因你懂的，呵呵）但是它依然顽固地散发香味，我受不了啦，我今天就去买只鸡收拾你，让你连着鸡片、鸡块到我肚子里香去，呵呵~~

红油鸡片是老牌传统川菜，我印象中名气最大的要数成都崇州的天主堂鸡片了。每次路过崇州，要二两渣渣面、一份鸡片、一碗骨头汤，那感觉简直不摆了！幸福的饱嗝一直伴随着车内的音乐，那真是美食二重奏啊！呵呵呵~哈哈哈~但我不能每次想吃了就跑那么远啊，几十公里哦，还是在家自己做吧，顺便收拾一下那个"讨厌"的红油！

主 料

土仔公鸡半只（约1500克）。

调辅料

Ⓐ 煮鸡料：老姜片10克，花椒1克，料酒20克。

Ⓑ 拌鸡料：大葱15克，煮鸡原汤30克，酱油8克，盐3克，白糖5克，味精2克，红油50克，花椒粉1克。

小秘密

1 煮鸡一般在水开后加盖，以中小火煮15分钟左右。到时间后，用筷子插入鸡腿最厚的部位，若抽出筷子没有血水冒出就说明煮好了，反之就再增加煮制时间至完全熟透。
2 如选购的酱油颜色较深则需减量，否则影响成菜色泽。

制作过程

1 用煮鸡料煮好鸡肉后晾凉，去骨。

2 大葱切成马耳朵状垫底。

3 片鸡片。

4 片好鸡片，装盘。

5 调味碗中加入酱油、盐、白糖、花椒粉、味精、原汤搅匀。

6 淋红油即可。

麻辣鸡翅

| 主 料 |

鸡翅尖500克。

| 调辅料 |

市售川味浓缩卤料1包，小米辣15克，汉源花椒3克，菜籽油适量，高度白酒5克，味精3克。

| 小秘密 |

1 买鸡翅尖时，最好是选稍小的，这样成菜会更加入味；卤鸡翅尖的时间不要太长，15分钟左右足够了。

2 鸡翅尖卤好后捞出晾凉，一定要凉透才能炝锅炒制。

3 高度白酒下锅后可能会在锅内燃烧，注意不要烫伤；也可以换成料酒，但口味会有改变。

制作过程

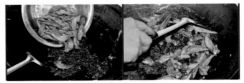

1 鸡翅尖洗净，下入川味浓缩卤料中加水卤制。

2 鸡翅尖卤好后捞出晾凉。

3 锅内菜籽油烧至五成热，加入小米辣、汉源花椒炒香，加入晾凉的鸡翅。

4 大火炒匀，烹入少许高度白酒炝锅后加味精，炒匀即可起锅。

油淋茶香乳鸽

四川有道名菜叫樟茶鸭，但是这道好吃的鸭子菜可不是一般人能在家里制作的，因为其中有一个制作环节——烟熏，现在这是我们城里人想做但绝不可能做到的。如果你点燃那烟熏的炉子，我想一定会有很多热心的市民马上帮你把消防队叫来的！呵呵～～这道菜就是在樟茶鸭制作的基础上稍改进的，第一是将鸭子换成了乳鸽，第二就是去掉了烟熏的环节，但同样美味。

｜ 主 料 ｜

乳鸽1只。

｜ 调辅料 ｜

盐5克，葱段5克，四川茉莉花茶2克，花椒粒1克，五香粉1克，姜片3克，料酒10克，糖色15克，菜籽油适量。

｜ 小秘密 ｜

1 蒸熟后的乳鸽需洗净表皮，晾干水汽再刷糖色，这样做的目的是为了成菜美观。
2 淋油时油温切忌过高，注意不要烫伤。

制作过程

1 乳鸽治净，加盐、葱段、姜片、料酒、四川茉莉花茶、花椒粒、五香粉。

2 用手抹匀，加盖静置码味5小时。

3 码味后的乳鸽上锅蒸40分钟至熟。

4 取出乳鸽自然晾凉，刷糖色。

5 菜籽油烧至六成热，将烫油徐徐淋在鸽子表面。

6 油淋茶香乳鸽出锅，趁热切块、摆盘。

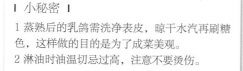

41

老成都冒菜

| 主　料 |

新鲜鹅肠300克，金针菇150克。

| 调辅料 |

菜籽油适量，老坛酸菜50克，冒菜专用底料100克，鲜汤适量，盐3克，鸡精5克，小葱2克，香菜2克。

制作
过程

1 鹅肠改刀成段。

2 小葱、香菜、老坛酸菜切碎，备用。

3 锅内加菜籽油烧至五成热，下入酸菜煸炒。

4 加入事先炒好的冒菜专用底料，加入鲜汤烧开，加盐、鸡精。

5 金针菇下锅几分钟，烫熟后用漏勺沥出汤汁，装入碗中垫底。

6 滚开的汤料中下入鹅肠，大火快速烧开。

7 烫好的鹅肠起锅。

8 撒葱花、香菜花就可以上菜了。

| 小秘密 |

1 新鲜鹅肠比新鲜鸭肠更加肥厚，口感也更爽脆。

2 冒菜专用底料是用牛油、鸡油、猪油、菜籽油、芝麻油加10多种香料，以及糍粑辣椒、四川豆瓣酱等调料经过几个小时炒出来的。买不到专用冒菜料也可以用普通火锅底料代替。

3 鹅肠下锅后，用大火快速烧开这个过程一定要快，前后也就几分钟时间，鹅肠变色微微卷曲即可，时间煮太久会影响鹅肠口感。

逍遥鸭唇

1 鸭唇洗净后，加五香粉、盐、姜片、葱段、料酒、美极鲜酱油拌匀。

2 拌匀后码味1小时。

3 将码味后的鸭唇下锅，卤30分钟熟后捞出。

4 鸭唇晾凉，再放入烧至六成热的菜籽油中油炸，以便收干水汽。

5 炸好后的鸭唇在锅中炒匀，加入刀口海椒、花椒粉、孜然粉、熟白芝麻、油酥花生米、白糖、糖色、味精、盐调味，起锅前烹入白酒提香。

6 麻辣味十足的鸭唇可以上桌了。

| 主　料 |

生鸭唇500克。

| 调辅料 |

44

Ⓐ 鸭唇码味料：五香粉5克，盐10克，美极鲜酱油10克，姜片10克，葱段15克，料酒20克。

Ⓑ 炒制料：菜籽油适量，刀口海椒150克，花椒粉3克，孜然粉5克，熟白芝麻10克，油酥花生米15克，白糖20克，糖色15克，味精2克，盐5克，白酒少许。

| 小秘密 |

1 鸭唇也就是鸭下巴，购买时请注意选购新鲜的。

2 鸭唇不可卤煮过久，以免影响口感。

3 油炸时注意保持较高油温，以便鸭唇快速收干水分。

4 刀口海椒是干辣椒和花椒粒以8∶1的比例在菜板上剁细，再用适量八成热的菜籽油烫香的，这是四川特有的香辣调味料。

油炸串串鱼

火哥小时候家住在河边，所以对鱼情有独钟。那时，每到放假我家的鱼就从来没有缺过，那种抓到大鱼的成就感也只有知音才能体会了！虽然不是每次都能抓着大鱼，但小鱼（成都话叫串串鱼）那是手到擒来。随便拿着赶网到河边转一圈都能抓个一两斤。这种小鱼通常油炸了吃，那酥脆的感觉真是一吃忘不了呵！

如今，每次去逛菜市场只要看见有卖这种小鱼的我都会买。好吃是一方面，最重要的是我可以从酥脆的小河鱼找到儿时的回忆！

| 主 料 |

小河鱼300克。

| 调辅料 |

料酒15克，盐3克，淀粉100克，菜籽油适量，辣椒粉15克，花椒粉1克，味精3克，熟白芝麻5克。

| 小秘密 |

1 多加淀粉能让鱼身不粘连，下油锅前需筛去多余的淀粉。
2 油炸时，切忌高温猛火快炸。

制作过程

1 小河鱼去内脏，加料酒、盐腌30分钟。

2 腌好的小鱼控干水分，用淀粉拌匀，依次下入六成热的油锅中。

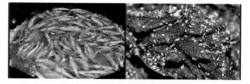

3 中火慢慢油炸至小鱼金黄酥脆，关火并沥油。

4 锅中酥脆的小鱼趁热加入辣椒粉、花椒粉、味精、熟白芝麻，迅速簸匀就可以装盘上桌了。

川味面条

　　成都的菜市场几乎都有现场生产和销售机制切面的面坊。成都人就喜欢吃这种新鲜机压的切面。切面每天随着不同的主人回家，经过开水的洗礼在各种不同辅料的装扮下，变身为人们所熟悉的担担面、素椒杂酱面、牛肉面、排骨面、豇豆面、脆臊面、怪味面、鳝鱼面……

1 做切面的机器。

2 光有机器是做不出切面的，好的机器还需配上有经验的师傅。

3 面粉经过加水、加碱、揉制、反复滚压后通过切刀滚切成人们熟悉、喜爱的形状。

4 这种俗称为棍棍面。

5 这种是水叶子宽面。

6 这种面片常用来做各种烩面。

7 切下来的面条也可以直接上架风干为挂面。

8 经过自然风干后切断、装袋，就是在超市看见的整把挂面了。

9 整把的挂面就是这样。

老成都甜水面

| 主 料 |

普通面粉250克，盐1克。

| 碗中调料 |

菜籽油适量，辣椒油60克，复制甜酱油50克，蒜泥15克，花椒粉1克，芝麻酱10克，熟黄豆粉5克，白糖30克，味精2克，熟白芝麻2克。

制作过程

1 面粉加清水、盐和好，将面团用擀面杖擀成0.6～1厘米厚度的面皮，将面皮切割成0.6～1厘米宽度的长条，并撒上少许面粉。

2 水烧开，拉住面条两端轻轻扯长，放入开水中煮熟。

3 面条起锅前加少许清水。

4 煮熟后沥干水分捞出，淋菜籽油，迅速将面条抖开，防止粘连。

5 在调料碗里加入辣椒油、复制甜酱油、蒜泥、花椒粉、芝麻酱、熟黄豆粉。

6 再加入白糖、味精后调匀。

7 依据自己口味将调味汁淋在面条上。

8 撒上熟白芝麻即可。

| 小秘密 |

1 和面时，加入适量的盐可以使面条绵韧、软硬适度，多揉面可以使面条更劲道。

2 面粉、水、盐混合揉匀成团后，用湿布或者保鲜膜盖住，醒面30分钟左右。

3 切面条时，可以厚些、宽些；煮面条时不要煮得太久，刚断生就可以了，否则面条太软，口感就不劲道了。

4 熬制甜酱油需要酱油、红糖、大料、山柰、小茴香、香叶、胡椒粒，其中酱油最好选成都的酱油，红糖最好是板糖。熬制时，不加水，用小火慢慢熬1小时后关火，加盖密闭1天以上就可以使用了。熬时切记不要熬煳了。

5 熟黄豆粉可以使调料味道更加香浓。

老成都红油凉面

　　每年夏天都是成都冷啖杯（成都式宵夜的代名词）的旺季，大家约上三五好友在露天的坝坝中喝着啤酒、吃着各种卤菜、凉菜、特色小炒、炒龙虾、炒田螺、炒鸭唇、炒兔头……真是相当舒服。这道凉面是大多数成都人吃冷啖杯的必点菜式，我个人也是相当喜欢，不过我认为外面拌的和我自己做的确实还有些差距，就算是我王婆卖瓜吧！

| 主　料 |

棍棍切面 150克，绿豆芽 50克，菜籽油适量。

| 碗中调料 |

酱油3克，醋6克，白糖10克，盐2克，蒜水15克，味精2克，辣椒油15克，花椒粉1克。

48

制作过程

1 水开后下入切面，保持大火煮开。

2 面下锅水开2分钟左右，就可以挑面起锅了。

3 沥干水的面条倒入一个较大的平盘中。

4 趁热加入生菜籽油。

5 反复将面挑起，与菜籽油拌匀。

6 将拌匀的凉面摊开，继续风干冷却。

7 开水汆烫绿豆芽，捞出沥干水分，晾凉备用。

8 绿豆芽打底。

9 将凉面放在绿豆芽上。

10 加入调味料拌匀即可。

┃ 小秘密 ┃

1 煮面的水要多加。

2 挑面起锅之前，加少许冷水，这样面条更加滑爽。

3 菜籽油可用其他食用油代替。

4 摊开凉面，可以让面条快速降温，且凉后不会发黏。如果一次做很大的量，还可以一边挑面一边用风扇吹，直至完全冷却。

5 成都人吃凉面都喜欢加绿豆芽，当然也可以加黄瓜丝或其他素菜丝。

老成都担担面

只要在网上随意一搜，可以搜出很多自称"正宗担担面"的做法，火哥也出于好奇看过几篇，看了以后只能报以微笑，林子大了什么鸟都有啊！在10多年的从厨经历中，我也只有屈指可数的几次看到并吃到几位面点大师级人物制作的这小小的一碗面条。可以很肯定地说，要想做好这碗看似简单的面条绝非易事！所以，火哥的这碗担担面不敢冠以什么正宗来给标题增色。

| 主料 |

机制切面150克，猪肉臊子30克。

| 碗中调料 |

酱油5克，香醋3克，盐1克，味精2克，花椒粉少许，小磨芝麻酱3克，香猪油5克，炒芽菜5克，辣椒油10克，高汤15克，葱花2克。

制作过程　加工芽菜

1 宜宾老坛陈年芽菜。芽菜入坛腌制时都是整条的，加工芽菜是将整条芽菜洗净、剁细。现在人都比较懒，所以喜欢用机器切的碎米芽菜代替。

2 芽菜清水洗净泥沙后挤干水分，切细。注意，清洗芽菜切忌久泡，否则芽菜失了盐味也就失去了其应有的鲜味。

3 锅内菜油烧至五成热，下入切细的芽菜炒香。不要小看这个过 4 炒好的芽菜起锅，
程，如果芽菜不经过这个炒制的过程，那么它的鲜香度是达不到一 备用。
个超级优秀"知食分子"所追求的境界的！

制作担担面

1 碗中加入酱油。　　2 加入香醋。　　3 加入盐、味精。

4 加入花椒粉。　　5 再加入小磨芝麻酱。6 加入香猪油。　　7 加入炒制芽菜、辣
椒油。

8 煮面条的水一定　9 兑好的调料加入高　10 担担面的面条不　11 面条上面再来点
要多。　　　　　　汤，调匀。若没有高　宜煮太久，我喜欢入　小葱的葱花。
　　　　　　　　　汤，用面汤代替也　口劲道的面条。
　　　　　　　　　行，但味道就差远了。

51

12 最后加入猪肉臊
子，就算大功告成了。

┃ 小秘密 ┃
1 如果用生抽、老抽等取代四川酱油，那你的担担面从开始就注定了只
是江湖级别而非正宗了。
2 花椒粉必须用四川汉源所出的大红袍经炒制后研磨成粉。
3 猪肉臊子的制作见素椒杂酱面制作方法。

宜宾燃面

▌主 料▌

机制细棍棍切面150克，猪肉臊子30克。

▌碗中调料▌

辣椒油15克，芝麻油5克，化猪油5克，酱油4克，盐1克，味精2克，花椒粉0.5克，葱花5克，芽菜5克，花生碎3克，熟白芝麻碎2克。

制作过程

1 调味碗中加入辣椒油。

2 加入芝麻油。

3 加入化猪油、酱油、盐、味精、花椒粉。

4 锅中水开后，下面条煮至刚好断生、面条中间无白心即可。

5 用竹漏勺将面条捞起，用筷子压在上面固定住面条，另一只手握牢勺柄，用力甩干面条的水分。

6 将面条夹入调味碗中快速拌匀。

7 调匀后的面条装盘，加入葱花。

8 加入花生碎、熟白芝麻碎。

9 加入猪肉臊子。

10 最后加入炒制过的宜宾芽菜即可。

| 小秘密 |

1 吃燃面的标配还有一碗用四川老坛泡酸菜加骨头汤熬制的酸汤。
2 辣椒油、芝麻油、猪油加一起叫三油合一，这是正宗燃面必需的。
3 因为油重无水，明火能点燃，故名燃面。
4 芽菜需事先单独炒制。
5 加猪肉臊子的叫荤燃面，不加叫素燃面。
6 猪肉臊子做法可参考素椒杂酱面臊子。
7 宜宾芽菜炒制方法可参考老成都担担面。

老成都素椒杂酱面

┃ 主　料 ┃

机制切面150克。

猪肉臊子料：猪前夹肉500克，菜籽油适量，料酒20克，甜面酱30克，老姜末15克。

┃ 碗中调料 ┃

酱油6克，汉源花椒粉0.5克，盐1克，蒜泥3克，白糖1克，味精1克，辣椒油15克，猪油5克，芝麻酱3克，葱花5克。

制作
过程

炒猪肉臊子

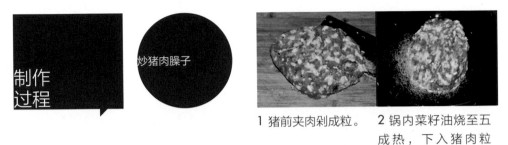

1 猪前夹肉剁成粒。　　2 锅内菜籽油烧至五成热，下入猪肉粒煵炒。

3 加入老姜末、料酒大火炒至吐油、出香，加入甜面酱。　4 甜面酱下锅后快速炒匀、炒香。　5 加入一碗开水，转中小火熬制。　6 熬香炒干后起锅。

制作杂酱面

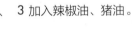

1 面碗中加入酱油、汉源花椒粉、盐。　2 加入蒜泥、白糖、味精。　3 加入辣椒油、猪油。

4 加入芝麻酱、葱花。　5 面条下锅煮熟后沥水装碗。　6 最后加入臊子即可。

1 面条不宜煮太软。
2 素椒杂酱面是不加汤的干拌面，如果加汤就叫红汤素椒面。
3 芝麻酱事先需加适量温水调散。

老成都清汤杂酱面

┃ 主 料 ┃

机制切面150克，猪肉臊子30克，蔬菜叶适量。

┃ 碗中调料 ┃

酱油5克，盐2克，味精2克，汉源花椒粉少许，猪油8克，葱花3克，鲜汤适量。

┃ 小秘密 ┃

1 俗话说：一烫当三鲜，这碗清汤杂酱面一定要用滚烫的鲜汤来调味，并趁热吃才最美味。

2 若喜欢吃素菜，可以在面中多加素菜，但素菜的用量不能多于面条，否则就喧宾夺主了。

3 可以用葵花籽油、芝麻油等植物油代替猪油。

制作过程

1 面碗中加入酱油、盐、味精、汉源花椒粉、猪油。

2 加入葱花。

3 加入滚烫的鲜汤。

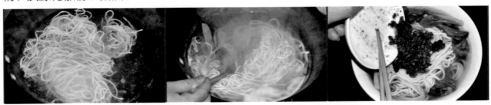

4 面条开水下锅煮熟。

5 面条起锅前下入蔬菜叶烫熟。

6 面条和蔬菜叶挑入碗中，加入猪肉臊子即可。

老成都豆花面

| 主 料 |

机制切面150克，豆花、鲜汤各适量，猪肉臊子30克。

| 碗中调料 |

酱油5克，花椒粉0.5克，味精1克，辣椒油15克，猪油5克，油酥花生米2克，油酥黄豆2克，大头菜粒1克，葱花2克。

| 小秘密 |

1 猪肉臊子制作方法参看老成都素椒杂酱面。
2 豆花可以用盒装内酯豆腐加热后代替。

制作过程

1 碗底调味，放入酱油、花椒粉、味精、辣椒油、猪油。

2 调料碗中加入滚烫的豆花、鲜汤。

3 面条开水下锅，大火煮熟。

4 加入煮好的面条。

5 加入猪肉臊子。

6 撒上油酥花生米、油酥黄豆、大头菜粒、葱花即可。

老成都炝锅面

| 主 料 |

机制刀削面条250克，猪肉丝30克，黄豆芽10克，榨菜丝10克。

| 调辅料 |

菜籽油适量，大葱3克，蒜片2克，姜片2克，花椒粒0.5克，盐2克，料酒10克，酱油5克，味精2克。

制作过程

1 材料：机制刀削面条、猪肉丝、黄豆芽、榨菜丝、大葱、蒜片、姜片、花椒粒、盐、酱油、味精。

2 机制刀削面条冷水下锅，煮至断生。

3 煮好后用凉水快速冲冷。

4 锅内菜籽油烧至五成热，下入葱段、蒜片、姜片、花椒粒炒香后下入肉丝炒散。

5 加入榨菜丝。

6 加入黄豆芽、料酒。

7 大火快速翻炒。

8 下入面条后快速炒散。

9 加入酱油、盐调味，炒散。

10 起锅前加入味精炒匀，即可装盘。

| 小秘密 |

1 猪肉丝建议肥瘦比例为2：8，下锅前需加入酱油、淀粉、料酒码味。
2 面条不可煮太软。
3 全程大火炒制。

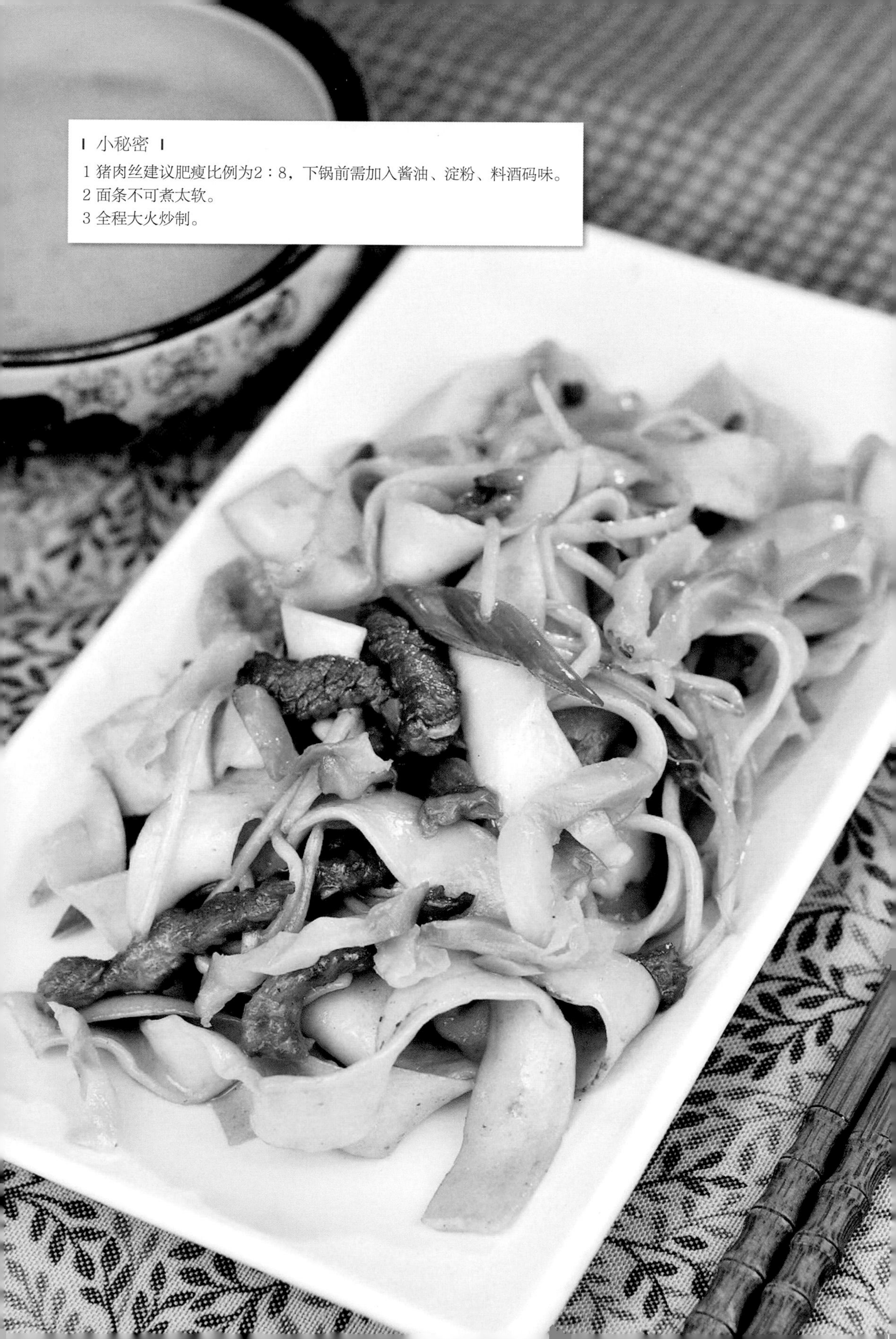

红烧排骨面

┃ 主　料 ┃

猪排骨500克，水发香菇100克，鹌鹑蛋100克，机制切面150克，蔬菜叶少许。

┃ 调辅料 ┃

菜籽油适量，大料5克，砂仁3克，小茴香3克，山柰3克，花椒粒2克，老姜10克，郫县豆瓣酱25克，大蒜15克，料酒20克，糖色15克，鲜汤适量，鸡精5克。

┃ 碗中调料 ┃

辣椒油10克，花椒粉0.5克，味精1克，葱花3克。

1 锅内菜籽油烧至五成热，下入排骨、大料、砂仁、小茴香、山柰、花椒粒、老姜炒香。

2 加入郫县豆瓣酱继续煸炒至出色、出香。

3 加入拍破的大蒜。

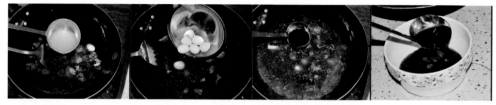

4 加入鲜汤。

5 加入煮熟、去壳鹌鹑蛋和水发香菇。

6 加入糖色后大火烧开，转中小火烧至排骨熟软入味，加鸡精。排骨臊子就算做好了。

7 面碗中加入烧排骨原汤。

8 再加入辣椒油、花椒粉、味精、葱花。

9 面条开水下锅。

10 面条煮熟起锅前，下入蔬菜叶烫熟。

11 面条挑入面碗中。

12 加入排骨臊子即可。

┃ 小秘密 ┃

1 这种香菇鹌鹑蛋烧排骨臊子本来就是一道菜肴，可单独吃。

2 每碗面加多少排骨臊子依自己口味。

3 排骨臊子还可用于制作香菇鹌鹑蛋烧排骨盖浇饭。

酸菜肉丝面

┃ 主　料 ┃

猪肉丝150克，四川老坛泡酸菜300克，机制切面150克。

┃ 调辅料 ┃

猪油适量，姜片5克，花椒1克，鲜汤适量，鸡精5克，葱花5克。

┃ 小秘密 ┃

1 猪肉丝不可切得太细。
2 酸菜肉丝臊子的添加可依据个人口味。
3 没用完的酸菜肉丝臊子需用密闭容器冷藏保存。

制作过程

1 老坛泡酸菜切丝。　2 锅内猪油烧至五成热，下入猪肉丝炒散。　3 加入姜片、花椒。　4 加入酸菜，炒香。

5 加入鲜汤烧半小时，加鸡精即可。　6 面条开水下锅。　7 碗中加入酸菜肉丝原汤。　8 加入煮熟的面条。

9 加入酸菜臊子。　10 加葱花即可。

老成都牛肉脆臊面

| 主　料 |

机制切面150克。

牛肉脆臊：牛肉馅500克，菜籽油适量，姜片15克，花椒粒少许，陈皮2克，料酒15克，酱油5克，味精1克。

| 碗中调料 |

酱油5克，辣椒油10克，花椒粉0.5克，猪油5克，味精1克，葱花3克，油酥花生米5克。

| 小秘密 |

1 牛肉馅最好选用无筋的牛后腿肉。

2 牛肉脆臊保存必须用可密封容器，每次取用一定要用干净器皿。

3 牛肉脆臊一周内吃完效果最佳。

4 每碗面添加多少牛肉臊子可依据自己口味。

制作过程

1 锅中菜籽油烧至五成热，加入姜片、花椒粒、陈皮炝锅，下入牛肉馅。

2 加入料酒、酱油继续煸炒。

3 中火煸炒至牛肉出香吐油、无水汽时，加入味精起锅。

4 炒好的牛肉脆臊凉后，装入密闭容器中。

5 面碗放入酱油、辣椒油、花椒粉、味精调味。

6 加入猪油。

7 面条煮好后控干水分，挑入碗中加入脆臊。

8 最后再加入油酥花生米、葱花即可。

63

红烧牛肉面

一直以来，牛肉面都是我的最爱。正是因为对其的超级热爱，所以我尝试过无数种关于牛肉面的做法，经过反复实验最后总结出这种虽然费神、费时，但口感超级好的原汤无渣红烧牛肉面。从选料、洗菜、切肉、切菜、倒油、抓香料、煸牛肉、炒底料、熬汤、烧牛肉、煮面，上桌哪一道都不能省。若嫌太麻烦，你就看看罢了；若愿意尝试，我相信你一定可以做出超级美味的原汤红烧牛肉面。最后我再啰嗦一句，这碗面有一个致命的缺点——吃了以后估计外面餐馆的牛肉面就比较难下咽了！呵呵~~

| 主 料 |

牛腩500克，水发笋子300克，机制切面150克。

| 调辅料 |

菜籽油适量，大料3克，草果2克，汉源花椒2克，丁香2颗，香叶3克，桂皮5克，白酒20克，盐10克，家常豆瓣酱100克，郫县豆瓣酱150克，陈皮1克，糖色50克，鸡精10克。

| 碗中调料 |

芹菜花2克，香菜花2克，香葱花2克。

64

制作过程

1 牛腩切块，下入六成热的炒锅中，加入大料、草果、汉源花椒、丁香、香叶、桂皮、白酒、盐、煸香、出油后放入烧菜锅中，备用。

2 炒锅洗净，放入菜籽油烧至七成热，加入家常豆瓣酱、郫县老豆瓣酱、陈皮炒匀。

3 炒香后加足量水，大火熬半个小时后就是豆瓣红汤。

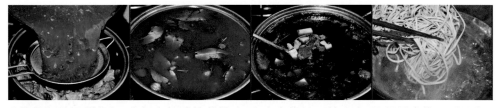

4 将熬好的豆瓣红汤加入煸好的牛肉中，豆瓣渣用丝漏滤出，去除。

5 加入切成块状的水发笋子、糖色。

6 大火烧开，转小火烧二三小时，牛肉熟软、化渣后加入鸡精，牛肉面臊子就算做好了。

7 足量水烧开后下入切面，煮熟。

8 用漏勺捞出面条，沥干水后装入碗中。

9 加入烧好的牛肉臊子和原汤。

10 再加入芹菜花、香菜花、香葱花即可。

小秘密

1 烧牛肉加了陈皮，味道就不一样。

2 炒豆瓣需要中火慢慢炒，这样才能让豆瓣的香味和色泽完全融合到油中。

3 这锅原汤红烧牛肉面臊子可用于制作多份牛肉面。

生椒干煸牛肉面

| 主 料 |

机制细面条150克。

干煸牛肉臊子：牛腿肉500克，花椒汁15克，姜片10克，盐2克，料酒15克。

| 碗中调料 |

酱油5克，藤椒油3克，香油10克，盐1克，味精1克，韭菜花10克，小米辣5克。

制作过程 / 干煸臊子

1 牛腿肉剁细。

2 加花椒汁、姜片、盐、料酒码味1小时。

3 干锅中下入码味后的牛肉糜。

4 中小火反复翻炒。

5 炒干后去除姜片。

6 凉后装碗，备用。

制作牛肉面

1 面碗中加入酱油、盐、藤椒油、香油、味精调味。

2 面条开水下锅煮熟。

3 煮熟的面条捞起沥干水分，放入碗中快速与调料拌匀。

4 加入韭菜花。

5 加入小米辣。

6 舀上干煸牛肉臊子即成。

小秘密

1 干煵臊子炒制时不加油。
2 炒制中注意火候，切忌猛火快炒煳锅。
3 炒好后的干煵牛肉臊子，需晾凉后密闭保存。
4 每次取用需用无水干净器皿。
5 干煵牛肉面是不带汤的干拌面。
6 每碗干煵牛肉面的牛肉臊子数量依自己喜好添加。

鸡丝奶汤面

| 主 料 |

猪龙骨250克，鸡爪100克，肉皮100克，猪肚1个，老母鸡半只，机制切面150克。

| 碗中调料 |

胡椒粉0.5克，盐2克。

制作
过程

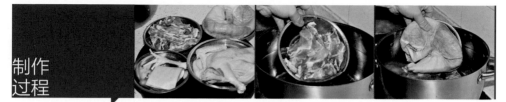

1 熬制奶汤的材料：
猪龙骨、鸡爪、肉
皮、猪肚、老母鸡。

2 龙骨冷水下锅，锅
中水足量。

3 下入猪肚，猪肚需
事先洗净、氽水。

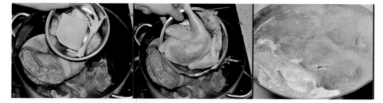

4 下入鸡爪、肉皮。

5 下入老母鸡。

6 水开后撇去浮沫，
中火炖2小时后转小
火继续熬1小时成
奶汤。

7 锅中加入适量奶汤。

8 奶汤烧开后下入
面条。

9 面条煮熟后连汤一
起盛出。

10 撒入胡椒粉、
盐，放上鸡丝即可。

I 小秘密 I

1 锅中猪肚熟软后，也可以捞出凉拌。
2 母鸡炖好捞出后放凉，撕成鸡丝。
3 炖汤时不加任何调料。
4 奶汤的香浓奶白全靠最后1小时大火熬制，厨师的行话叫冲白。
5 鸡丝和奶汤可依据个人口味添加。

泡椒鸡杂面

| 主 料 |
新鲜鸡杂500克，机制切面150克。

| 调辅料 |
菜籽油适量，泡辣椒100克，泡子姜80克，蒜片50克，花椒粒2克，料酒20克，泡椒油100克，鲜汤适量，白糖5克，鸡精10克。

| 碗中调料 |
芹菜段3克，小葱段3克。

| 小秘密 |
1 鸡杂需反复用盐和醋清洗干净。
2 泡椒油是用四川二荆条泡辣椒剁细后加适量菜籽油慢火炒制而成。
3 炒鸡杂时间不能太久，炒熟入味即可。
4 每碗面加多少鸡杂臊子依据自己口味。

70

1 鸡杂洗净，切好备用。

2 锅中菜籽油烧至六成热，下入泡辣椒、泡子姜、蒜片、花椒粒炒香。

3 鸡杂下锅后快速炒散。

4 加入料酒。

5 加入泡椒油。

6 加入鲜汤大火烧开，加入白糖、鸡精成鸡杂臊子。

7 碗中加入芹菜段、小葱段。

8 加入鸡杂原汤。

9 面条煮熟后挑入碗中。

10 加上鸡杂臊子即可。

大骨鱼汤面

┃ 主 料 ┃

猪棒骨1根，活鲫鱼1条，机制挂面100克，菜胆适量。

┃ 调辅料 ┃

熟猪油适量，姜片5克，香葱段5克，白胡椒粉1克，盐1克。

┃ 小秘密 ┃

1 这道汤面最适合儿童、老人、孕妇或体质虚弱者食用。

2 熬骨汤时水一定要一次加够，熬制的时间也不能缩短，否则达不到大骨浓汤的效果。

3 鲫鱼下锅煎炸时一定要确认鲫鱼已经完全不能动弹，并用厨房用纸抹干鲫鱼表里的水分，以免因油花四溅而引起烫伤。

制作过程

1 猪棒骨冷水下锅。

2 水开后撇去浮沫，大火熬煮3小时至汤浓色白。

3 锅内熟猪油烧至五成热，下入姜片、葱段和治净的鲫鱼。

4 鲫鱼两面煎黄，下入大骨浓汤大火烧开，捞出葱、姜后加入盐、胡椒粉调味。

5 挂面下锅，中火煮至熟。

6 下入菜胆。

7 将鲫鱼、面条捞出，装碗。

8 加入原汤即可。

老成都浓汤海味面

| 主 料 |

猪剔骨肉1000克，水发香菇100克，水发淡菜20克，水发金钩30克，水发鱿鱼100克，水发笋子100克，鲜汤适量，机制切面150克。

| 调辅料 |

大骨浓汤适量，土鸡油适量，老姜末20克，胡椒粒3克，料酒20克，盐10克。

| 小秘密 |

1 剔骨肉也可以用猪腿子肉或猪前腿肉代替。
2 海味面的诀窍就在于海味臊子的制作，海味臊子也叫浇头。每碗面加多少海味臊子依自己口味。
3 大骨汤必须相对浓稠。

制作过程

1 锅中加鲜汤后下入水发鱿鱼。

2 再加入水发香菇。

3 加入剔骨肉，剔骨肉需事先改刀并氽水。

4 加入水发笋子。

5 加入水发淡菜、水发金钩。

6 最后加入土鸡油、老姜末、胡椒粒、料酒，大火烧开后撇去浮沫，大火烧1小时后改小火煨2小时左右，至剔骨肉熟软；待汤汁只有起初的一半左右时加盐，海味臊子就做好了。

7 面条开水下锅煮熟，沥干水装入面碗中。

8 将海味臊子浇在煮好的面条上，即可。

金汤青菠面

| 主　料 |
面粉250克，菠菜汁135克，鸡蛋黄、浓汤各适量。

| 碗中调料 |
胡椒粉1克，盐3克，精炼鸡油5克。

| 小秘密 |
1 建议用高筋面粉制作，这样吃起来面条口感更好。
2 菠菜汁必须经过滤后，再加入面粉中揉制。
3 切面条时根据自家喜好，面条的宽窄自己掌握。

制作过程

1 菠菜汁、盐加入面粉中。

2 反复揉成绿色面团后醒发20分钟，再次揉面至光滑。

3 擀成0.3厘米左右厚度的面皮，均匀扑粉。

4 将面皮对折。

5 面皮对折三次。

6 用刀切成面条。

7 碗中加入1个蛋黄。

8 加入浓汤、盐、胡椒粉、鸡油，搅匀用微波炉加热烧开。

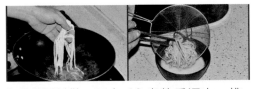

9 青菠面抖散，开水下锅。

10 煮熟后沥水，挑入碗中即可。

老成都煎蛋面

▎主 料▎

鸡蛋1个，番茄200克，细挂面100克，蔬菜适量。

▎调辅料▎

精炼猪油适量，番茄酱50克，芽菜3克，盐2克，
白胡椒粉1克，鸡精2克，葱花少许。

▎小秘密▎

1 精炼猪油可用色拉油代替。

2 番茄酱可以用番茄沙司代替。

制作过程

1 锅内猪油烧至五成
热，加入鸡蛋，煎至
两面熟。

2 煎好的鸡蛋盛入碗
中备用。

3 锅内猪油烧至五成
热，下切好的番茄炒
至熟软，加入番茄
酱、芽菜炒香后加水
烧开。

4 原汤放入挂面，大
火烧开后转中小火煮
至面条熟透。

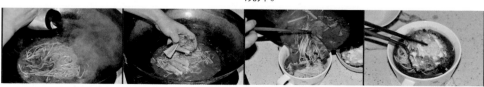

5 加入盐、白胡椒
粉、鸡精调味。

6 加入菜叶烫熟，
关火。

7 将煮熟的面条装入
碗中。

8 将煎蛋放到面上，
撒葱花即可。

老成都红油素面

▍主　料▍

机制宽切面150克，蔬菜适量。

▍碗中调料▍

酱油8克，味精2克，白糖1克，盐3克，花椒粉0.5克，芝麻油5克，辣椒油15克，葱花3克，芹菜末3克。

76

▍小秘密▍

1 这碗面的关键就是调料中的红油，红油的香味和辣度是通过辣椒品种和油温来调节的。若想吃特辣红油，可在炼油时多加朝天椒面，若喜欢吃香辣，可以多加二荆条辣椒面。

2 四川的红油面一般是汤面，调味时可以适当多加高汤或面汤。

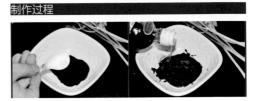

1 碗中加入酱油、味精、白糖、盐、花椒粉。

2 加入芝麻油、辣椒油。

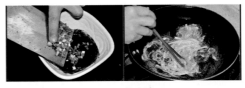

3 加入葱花、芹菜末。

4 锅中加水烧开，将面条抖散放入锅中煮熟。

5 碗底调料加入鲜汤或面汤。

6 煮熟的面条和蔬菜装碗即可。

川味抄手

火哥从小就喜欢吃抄手，不管是炖鸡抄手、原汤抄手、红油抄手还是酸辣抄手都爱吃！为啥那么喜欢？原因很简单，毕竟抄手的肉比面条里的肉更多啊！当然这个肉多抄手是特指家里自己包的那种，外面卖的抄手中间那点肉比苍蝇大不了多少，吃起来完全不过瘾。而且个别无良商家还加了色素。如果抄手煮好了以后肉还是红色的，那么基本可以肯定是加了色素。加色素的原因有二：第一馅料看着好看，第二肥肉或其他肉加了色素就和瘦肉表面看区别不大了。

要想吃到真材实料，最简单的办法还是只有自己动手，火哥常常一次包上百个抄手放冰箱急冻，这样吃的时候就很方便了。在我的熏陶下，我家豆花妹妹现在都是包抄手的高手了！

┃ 主　料 ┃

猪前夹肉糜（细肉馅）300克，机制抄手皮。

┃ 调辅料 ┃

料酒5克，姜末3克，白胡椒粉0.5克，鸡蛋清1个，鲜汤适量，盐1.5克、淀粉10克，味精1克。

制作过程

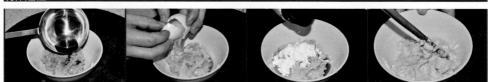

1 猪肉糜加入料酒、姜末、白胡椒粉。

2 加入鸡蛋清、鲜汤。

3 加入盐、淀粉。

4 按顺时针方向由慢到快搅拌，上劲即可。

5 将馅料放在抄手皮中间。

6 将皮对折。

7 在一角用湿筷子刮一下，便于下一步的粘接。

8 再角对角转过来捏紧，抄手就包好了。

┃ 小秘密 ┃

1 抄手馅料不能太干也不能太稀，以免影响口感。

2 抄手馅料猪肉肥瘦比例为4：6；肉太瘦影响口感，太肥则过于油腻。

3 馅料中还可按个人喜好添加虾皮、虾米、瑶柱、蘑菇、豆泥等。

77

红油抄手

┃ 主 料 ┃
生抄手10个。

┃ 碗中调料 ┃
酱油5克，盐1克，白糖2克，味精1克，辣椒油10克，葱花2克。

┃ 小秘密 ┃

1 抄手下锅后不宜煮太久，开水下锅煮至浮面后再等2分钟即可。
2 根据个人喜好还可以顺便烫点蔬菜，和抄手一起拌匀食用。

制作过程

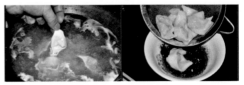

1 碗中依次加入酱油、盐、白糖、味精、辣椒油。

2 加入葱花。

3 水开后，将抄手下入沸水，大火煮熟。

4 捞出沥水，放入调料碗中拌匀即可食用。

砂锅抄手

▌主　料▌

生抄手10个，水发木耳15克，水发黄花10克，虾皮3克，胡萝卜丝10克，韭菜段10克。

▌调辅料▌

鲜汤适量，猪油少许，盐2克，白胡椒粉0.5克，鸡精1克。

▌小秘密▌

1 因为砂锅的余热能保持上桌后一段时间的煮沸状态，吃的时候注意不要烫伤。

2 此方法也可以用于制作砂锅面条或米线。

制作过程

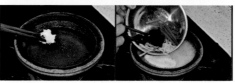

1 小砂锅中加入鲜汤和猪油大火烧开，转中火。

2 汤中加入水发木耳、水发黄花、虾皮、胡萝卜丝煮5分钟熬出香味。

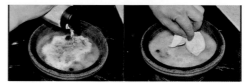

3 加盐、白胡椒粉调味。

4 将抄手下入熬香的原汤，汤开后煮3分钟左右至抄手熟，起锅前放入韭菜段和鸡精即可。

豆瓣抄手

| 主　料 |

生抄手10个，蔬菜叶20克。

| 碗中调料 |

家常豆瓣酱15克，猪油少许，白糖1克，味精1克，葱花5克。

| 小秘密 |

1 若不喜欢吃猪油也可以用其他食用油代替。

2 四川豆瓣酱含盐，所以碗中无需再加盐。

制作过程

1 碗中适量加入家常豆瓣酱，用少许七成热的猪油淋在豆瓣酱上，烫出豆瓣香味后调匀。

2 加入白糖、味精、鲜汤、葱花。

3 抄手依次沸水下锅，煮熟起锅前烫入菜叶。

4 煮熟的抄手沥水、装碗，即可上桌。

番茄抄手

┃ 主　料 ┃
生抄手10个。

┃ 碗中调料 ┃
番茄80克，猪油少许，盐1克，味精1克，白胡椒粉0.5克，葱花2克。

┃ 小秘密 ┃
1 番茄一定要买表皮鲜红熟透的，这样番茄味才浓郁。
2 也可适当加点番茄酱调味。
3 剁细的番茄也可以上蒸笼蒸5分钟。

制作过程

1 番茄去皮，细细剁成番茄泥后装碗，入微波炉大火加热2分钟。

2 趁热在番茄泥中加入猪油、盐、味精、白胡椒粉、葱花调匀。

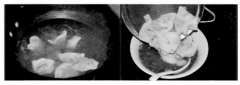

3 抄手沸水下锅煮熟。

4 将煮好的抄手沥水后放入调味碗中，上桌调匀即可食用。

炸响铃抄手

| 主　料 |

生抄手10个。

| 调辅料 |

菜籽油适量，果酱50克。

| 小秘密 |

1 炸透的响铃皮边缘很酥脆，装盘时需轻夹、轻放，以免破坏整体美感。
2 果酱的选用依据个人喜好，蓝莓酱、草莓酱、苹果酱等都行。

制作过程

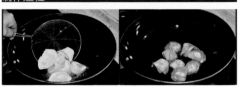

1 锅中下菜籽油烧至五成热，下入抄手。

2 抄手下锅后迅速分开，防止油炸时粘连而影响成菜美观。

3 全程中火保持五成油温，油炸过程中抄手需随时翻面以确保受热均匀。

4 抄手炸透至金黄色即可，出锅、装盘，蘸果酱食用。

川味饺子

成都人吃饺子最常见的馅料有全肉馅、韭菜馅、白菜馅、香菇馅。后面三种都是在全肉馅的基础上加入素菜而成，具体加多少素菜依据自家口味为准，掌握好不干、不稀、不吐水的大原则就行。

┃ 全肉馅配料 ┃

猪肉馅250克，姜粒5克，料酒10克，盐2克，白胡椒粉2克，味精3克，淀粉15克，蛋清1个。

制作过程

1 猪肉馅中加入姜粒。2 加入料酒。

3 加入盐、白胡椒 4 加入蛋清和少许清
粉、味精、淀粉。 水后，顺时针搅匀
即可。

┃ 小秘密 ┃

1 猪肉馅最好选用去皮猪前腿 2 调制韭菜馅料的韭菜需沥干
肉，肥瘦比例推荐为4：6。 水分后再切细，加入猪肉馅料
中调匀。

3 调制白菜馅料的白菜需切碎 4 调制香菇馅料的香菇需先以沸
加盐腌，挤干水分后再加入猪 水氽熟，切碎并挤干多余水分，
肉馅料中调匀。 再加入猪肉馅料中拌匀。

老成都钟水饺

其实，钟水饺好吃的重要原因不仅仅是饺子馅料，更因为饺子作料。钟水饺作料中有两样是特制的：红油和甜酱油。红油的做法基本和我前面教大家的红油做法相似，只不过二荆条的比例更大，并且不加花椒。甜酱油是熬出来的，熬这种甜酱油需要酱油（酱油用的还是成都本地酱油，酱油和红糖比例1：1）、红糖（最好的板状红糖）、香料（大料、山柰、小茴香、香叶、胡椒粒），熬制的时候不加水，用小火慢慢熬好后加盖密闭一天以上，就可以用了。熬时切记不要熬煳了。

┃ 主 料 ┃
机制饺子皮500克，鲜肉饺子馅适量。

┃ 碗中调料 ┃
蒜泥10克，甜酱油15克，味精1克，红油25克。

┃ 小秘密 ┃
1 钟水饺的馅料包制时不要加太多。
2 饺子包馅封口前，将饺子皮边缘用清水抹一下再捏紧，这样包好的饺子煮时不易破皮。

制作过程

1 外购的中号机制饺子皮。　2 包馅料。　3 对折后捏紧。　4 包好的饺子。

5 加入蒜泥、甜酱油、味精。　6 加入红油。　7 水开后，下入饺子煮熟。　8 煮好的饺子放入作料中拌匀，即可食用。

碧绿菠饺

| 主 料 |

面粉250克，菠菜汁130克，盐1克，饺子馅适量。

| 小秘密 |

1 蘸水制作参考蘸水饺子。

2 揉面的三光是指：手光、面光、案板光（或盆光）。

制作过程

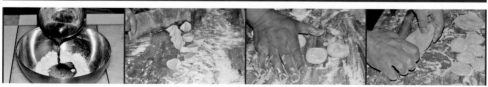

1 菠菜汁、盐加入面粉中反复揉至三光，面团后醒发20分钟再揉搓成圆条状。　2 均匀切成剂子。　3 剂子扑粉后按压成圆饼状。　4 用擀面杖擀成中间厚、周边薄的饺子皮。

5 适当包馅后合拢挤压。　6 包好的饺子。　7 饺子开水下锅煮熟。　8 煮熟后装盘。

老成都烫面蒸饺

| 主 料 |

面粉500克，猪油30克，开水400克，饺子馅料适量。

制作
过程

1 面粉加入猪油。

2 缓缓加入开水，一边加开水、一边搅拌。

3 开水加完后，用擀面杖反复搅动成烫面团。

4 待适当凉后，继续揉搓成团，静置10分钟。

5 再次揉面并搓条。

6 均匀下成剂子后，撒面粉。

7 擀成饺子皮。

8 包馅。

9 从右至左收口。

10 每一收口皱褶处都需捏紧。

11 水开后上笼、加盖蒸5分钟左右。

12 出锅。

> **| 小秘密 |**
>
> 1 烫面时必须用开水，也叫三生烫面。
> 2 包好的蒸饺放入蒸笼前，蒸笼底部需适当刷油，以防粘连。
> 3 饺子上笼后不可蒸太久。

蘸水饺子

　　成都人吃饺子一般都需要搭配饺子蘸水，香辣蒜泥蘸水、麻辣蘸水、酸辣蘸水是最常见的三种川味饺子蘸水。

制作过程

香辣蒜泥蘸水： 蒜泥10克，酱油20克，川盐2克，白糖8克，味精2克，辣椒油50克。

麻辣蘸水： 酱油10克，盐2克，花椒粉1克，白糖1克，辣椒油30克，香油5克，味精2克，葱花2克。

酸辣蘸水： 酱油3克，醋5克，盐1克，白糖1克，味精1克，花椒粉少许，辣椒油10克，葱花2克。

鸡冠锅贴饺

┃ 主　料 ┃
三生烫面500克，饺子馅料适量。

┃ 小秘密 ┃
1 煎饺子过程中注意转锅，这样饺子均匀受热
也不容易煳锅。
2 三生烫面制法参考老成都烫面蒸饺。

制作过程

1 取烫面擀成饺子皮。　2 加入馅料。　　3 对折。　　4 将饺子收口挤压成
鸡冠形。

5 包好的鸡冠锅贴　6 将饺子依次放进平　7 加适量色拉油。　8 加清水。
饺子。　　　　　底锅中。

9 水开后加盖用中火　10 约10分钟后即可
均匀受热。　　出锅。

老成都烧卖

| 原 料 |
面粉250克，蛋清1个，盐1克，菜肉馅适量。

**制作
过程**

1 面粉加蛋清、90克 清水、盐调匀，揉成 较硬的水调面团，醒 面30分钟。

2 醒好的面条搓成 圆条。

3 均匀下剂子，每个剂 子重15克~20克。

4 剂子加少许面粉。

5 压扁后用擀面杖擀 成面皮。

6 用擀面杖头将面皮 擀压成荷叶边。

7 加入馅料。

8 将皮收拢。

9 均收拢后轻压。

10 包好的烧卖。

11 上笼蒸3分钟揭 盖，均匀喷水一次。

12 加盖再蒸3分钟 后就可享用了。

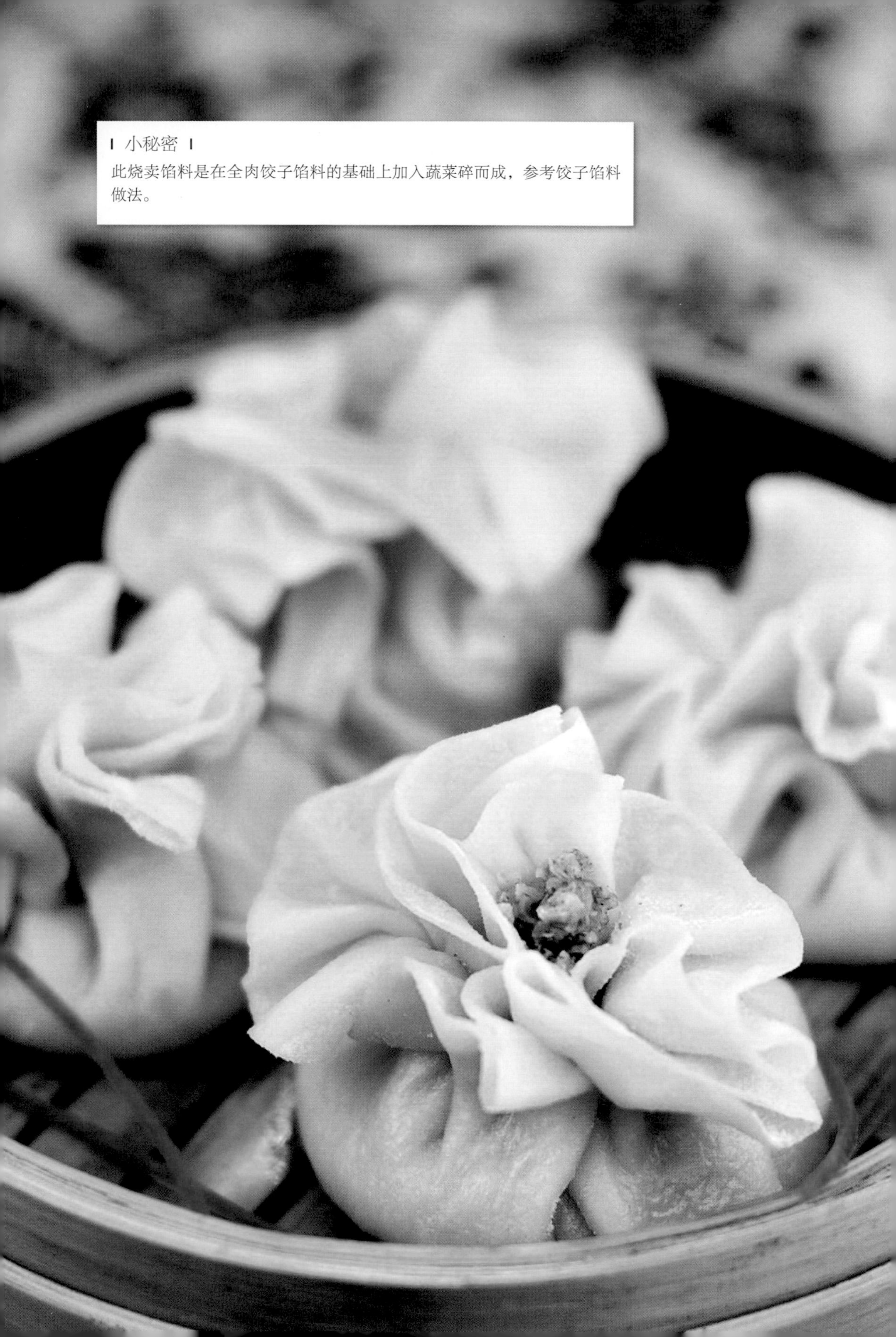

| 小秘密 |

此烧卖馅料是在全肉饺子馅料的基础上加入蔬菜碎而成，参考饺子馅料做法。

老成都葱香锅摊

| 主 料 |

面粉500克，鸡蛋2个，胡萝卜丁30克。

| 调辅料 |

葱花50克，盐10克，花椒粉10克，白糖10克，鸡精5克，菜籽油适量。

制作过程

1 面粉中加入鸡蛋。　2 加入胡萝卜丁、葱花、盐、花椒粉、白糖、鸡精。　3 加清水。

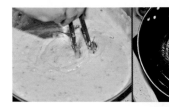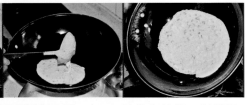

4 顺时针调匀，拌匀成锅摊料。　5 菜籽油炙锅。　6 锅摊料下锅。　7 均匀转锅，以便锅摊成形。

8 从锅摊边缘处加少许油，一面煎黄后翻面再煎另外一面。　9 煎熟的锅摊起锅。　10 分切后装盘。

| 小秘密 |

1 炙锅是炒、爆、煎操作前的一道程序，炒锅经油炙后锅面干净、油润光滑，可使原料下锅后受热均匀，不易煳锅。

2 煎好的锅摊应每张厚薄均匀。

3 根据锅的大小调整每次加入锅摊料的量，这样可以保证每张锅摊的大小一致。

4 制作锅摊时，一次放油不可太多。

老成都蘸水春卷

┃ 主 料 ┃
春卷皮200克，蔬菜丝300克。

┃ 蘸水料 ┃
酱油5克，醋10克，白糖10克，花椒粉1克，辣椒油15克，味精2克，芥末膏3克，葱花2克。

制作过程

1 春卷皮用刀一分为二备用。

2 这里准备的是青笋丝、胡萝卜丝、白萝卜丝、海带丝、海石花，也可以根据自己的喜爱选择蔬菜丝。

3 取各类蔬菜丝适量，用半圆形的春卷皮包裹成花束状。

4 包裹素菜时，一定要压紧。

5 裹好的春卷装盘。

6 搭配调匀的蘸水食用，即可。

┃ 小秘密 ┃
1 包好的春卷一定要及时食用。
2 更多口味蘸水可参考饺子蘸水。

锅盔夹大头菜

I 主 料 I

白面锅盔适量，腌制大头菜250克。

I 蘸水料 I

白糖50克，花椒粉2克，辣椒粉20克，味精3克。

I 小秘密 I

1 选购大头菜时，不能买表面有腐烂、异味的，那种是变质的大头菜，吃了有可能引起食物中毒。

2 凉拌好的大头菜必须当天吃完，隔夜不能再吃。

3 若不喜欢吃太辣，在凉拌大头菜丝时可以将辣椒粉换成少许不太辣的红油。

4 锅盔的做法参考老成都白面锅盔。

制作过程

1 四川特产腌制大头菜。

2 洗净后的大头菜开片。

3 切丝。

4 切好的大头菜丝加入白糖、花椒粉。

5 加入辣椒粉、味精后拌匀。

6 将拌匀后的大头菜加入切成两半并加热后的白面锅盔中即可。

老成都白面锅盔

│ 原 料 │
发面380克，三生烫面50克。

│ 小秘密 │

1 发面做法：将面粉250克、清水125克、酵母2克、白糖5克揉匀后，放入保温箱以35℃醒发15分钟。
2 三生烫面做法参考老成都烫面蒸饺。

制作
过程

1 发面揉制过程中加入三生烫面。　2 揉匀后静置30分钟醒面。　3 均匀搓条。

4 下剂子后压扁。

5 用擀面杖从面饼中间擀压成边厚中间薄的锅盔坯子。

6 锅烧热，下入锅盔坯子将两面都烙一下。

7 烙好的坯子趁热放入预热200℃的烤箱烤8分钟左右。

8 锅盔坯子在烤箱中均匀放置。

9 烤制过程中锅盔发涨、自然中空。

10 烤好的白面锅盔。

11 切开白面锅盔的边。

12 成功的白面锅盔应该是中空的。

发面小吃

发面类小吃在川味小吃大家庭中占有不可或缺的地位，包子、馒头、花卷、锅盔都离不开它。发面按发酵程度分为：子发面、中发面、老发面，其中用途最广的是中发面。制作中发面的方法有很多种，火哥就用这种相对简单的家庭酵母发酵法教大家制作中发面。

┃ 主　料 ┃
面粉500克，清水250克。

┃ 调辅料 ┃
酵母粉4克，白糖10克。

制作过程

1 小碗中加入酵母粉、白糖。　2 加清水后搅匀。　3 将酵母水加入面粉中。

4 用手拌匀。　5 反复揉面至三光（盆光、面光、手光）。　6 盖上湿布，让其自然发酵2小时，至原来的两倍大。

┃ 小秘密 ┃
1 夏季用常温清水，冬季需用35℃左右温水。
2 面团发酵温度保持在25～35℃，有条件的可用发酵箱。
3 发酵好的面团揉搓排气后，再根据小吃品种造型。

玫瑰花卷

┃主　料┃
面粉300克。

┃调辅料┃
胡萝卜汁150克，酵母粉3克，白糖5克。

┃小秘密┃
将150克胡萝卜洗净，切成小块，放入食品料理机，加入温水100克打碎、滤渣，制成胡萝卜汁。

制作过程

1 在胡萝卜汁加入白糖、酵母粉，搅拌均匀后加入面粉中揉至三光。

2 揉好的面团发酵2小时左右，至原来的两倍大。

3 发酵面团揉匀，排气后搓条。

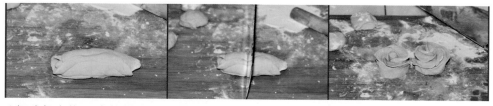

4 切成每个约20克的剂子，擀成椭圆面片后折三叠，依次放置并搓圆。

5 用刀从中间切开。

6 底部微微捏紧即成生坯，生坯上笼醒20分钟后蒸10分钟，即可。

葱油花卷

▎主 料 ▎
中发面300克。

▎调辅料 ▎
花椒粉1克，盐3克，葱花20克。

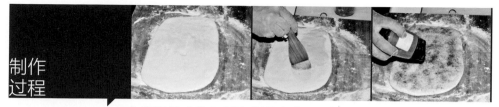

制作
过程

1 将面擀成约0.6厘米厚度的长方形。

2 面皮表面刷上色拉油。

3 再均匀撒上花椒粉、盐。

4 再撒上葱花并卷好。

5 均匀切段。

6 用筷子在中间按压。

7 微微拉伸后拧180°，并在底部捏紧。

8 做好的花卷生坯。

9 依次放入已经刷油的蒸锅内，常温醒发20分钟。

10 上汽后蒸约10分钟，关火闷3分钟即可。

┃ 小秘密 ┃

1 面皮擀好后刷油不可过多，薄薄地均匀刷一层即可。

2 在拉伸扭转花卷生坯时，需注意力度不要过大。

3 冬季或在温度过低处醒发花卷生坯时，可以将蒸锅放于40℃左右温水上加湿、加温，这样可以加快醒发速度。

龙眼小笼包

I 主 料 I
中发面500克。

I 小笼包馅料 I
猪细肉馅250克，蘑菇粒85克，姜粒4克，盐1.5克，味精1克，料酒5克，胡椒粉1克，香油10克，酱油5克，白糖2克，冷鲜汤40克。

I 小秘密 I
1 猪肉馅不可太瘦，肥瘦比例为4∶6最好。
2 蘑菇应先洗净、氽水后再剁细。
3 蒸笼中摆放生包子时，注意包子与包子、包子与蒸笼边缘都要预留适当距离。

制作过程

1 包子馅料按比例加料拌匀，放冰箱冷藏，备用。

2 中发面经揉搓、排气后搓条，下成每个约20克的均匀剂子。

3 用手将剂子按扁。

4 擀成外薄内厚的包子皮。

5 每个包入约15克馅料，收口。

6 将包好的包子放入蒸笼内醒发20分钟，加盖蒸7分钟至熟即可。

老成都鲜肉大包

｜ 主　料 ｜
中发面1500克。

｜ 鲜肉大包馅料 ｜
猪肉臊子100克，鲜猪肉馅250克，芽菜30克，姜末5克，葱末100克，胡椒粉2克，白糖5克，猪油适量，料酒30克，酱油20克，味精5克。

制作过程

1 猪肉臊子中加入鲜猪肉馅。

2 加入芽菜、姜末。

3 加入葱末、胡椒粉、白糖、猪油、料酒、酱油、味精，拌匀后放冰箱，微冻、定形。

4 取出包子馅料，备用。

5 将发面团分成75克大小的剂子，按压成面饼状，中间加入约40克馅料，捏成包子。

6 将包子放入蒸笼醒20分钟后，大火加盖蒸12分钟即可。

｜ 小秘密 ｜
蒸好的包子不要急于出锅，应该等3分钟左右揭盖，这样不会软塌，便于成形。

酱香生煎包

| 主 料 |
中发面800克。

| 酱香包子馅料 |
猪肉馅400克，葱末80克，姜末10克，酱油50克，白糖2克，鸡精3克，花椒粉1克，料酒10克，鲜汤适量，熟黑芝麻少许。

| 小秘密 |
1 生煎包制作过程中不可揭开锅盖，注意控制火力。
2 为了受热均匀，煎制过程中需要均匀转锅。

制作过程

1 猪肉馅中加入剁细的葱末。

2 加入姜末、酱油、白糖、鸡精、花椒粉。

3 再加入料酒、鲜汤。

4 搅拌均匀，备用。

5 将发面团搓条并切成每个约20克的剂子，擀好包入馅料。

6 生煎包按小笼包的包法包好，收口，底部光滑的一面喷水并沾上熟黑芝麻。

7 平底锅内稍放食用油，将包子逐个放入。

8 加水。

9 大火将水烧开后，盖上盖子。

10 以中火焖煎至锅内水收干并有噼啪声后，包子就煎好了。

川味米饭

老成都油油饭

｜主 料｜
米饭300克。

｜调辅料｜
猪油少许,复制鲜汤酱油10克。

｜小秘密｜

1 酱油买回家后加鸡汤和丁香、八角、桂皮、草果四种香料慢火煨制,不要嫌麻烦,这可是不能在外面随便打到的酱油哦,要想好吃这是唯一的办法。
2 熬好后的酱油放冰箱保鲜保存。
3 鲜猪板油洗净后切条,加花椒、老姜和1小勺家里存的浓香型白酒炼出来更香(比如五粮液或泸州老窖1573这一类)。
4 当年稻谷碾出的新米具有自然的清香,到市场或超市买米时一定要注意米的新鲜程度。

制作过程

1 经过小火煨制的复制鲜汤酱油。酱油和鸡汤的比例1:1,小火熬到两份剩一份就好了。香料就加图上这么多,1颗丁香、1个八角、1块桂皮、1个草果。熬好后香料不捞出来,一直泡在酱油中。

2 加入好酒炼制出的香猪油。

3 当年稻谷碾出的新米焖煮米饭。

4 刚煮好的米饭中来点熬好的猪油。

5 加点煨好的酱油趁热拌匀。

6 配上一碟红油洗澡泡菜更佳。

蛋炒饭

| 主 料 |

隔夜沥米饭150克，土鸡蛋1个。

| 调辅料 |

猪油适量，盐2克，小葱花10克。

| 小秘密 |

1 鸡蛋液中加入清水，便于将鸡蛋轻松炒成蛋花，也就是俗称的桂花状。

2 蛋炒饭用隔夜的沥米饭，是因为沥米饭经长时间风干后已经粒粒分开，所以便于炒制。

制作过程

 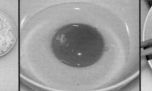  

1 土鸡蛋1个、沥米饭、小葱花。

2 土鸡蛋的蛋黄不但大，而且饱满油润。

3 用筷子搅匀土鸡蛋，搅拌时加少许清水。

4 锅内加入猪油，烧至五成热时下入搅匀的蛋液。

5 蛋液下锅后快速翻炒。

6 很快蛋液就变成一粒粒金黄色的蛋花。

7 炒香后的蛋花中加入沥米饭。

8 轻轻翻炒，让蛋花、米饭充分拌匀，再加入葱花、盐炒匀，就可起锅了。

火腿焖饭

| 主　料 |

熟火腿80克，豇豆50克，米饭500克。

| 调辅料 |

菜籽油少许。

| 小秘密 |

1 煸炒火腿粒时，切不可加太多油，因为火腿本身就会出油。

2 焖制时加水不可过多，以中火10分钟能收干为宜。

制作过程

1 熟火腿、豇豆和米饭。

2 锅内少许菜籽油烧至五成热，放入切碎的火腿粒煸炒至吐油。

3 加入切碎的豇豆粒，炒匀。

4 适当加水。

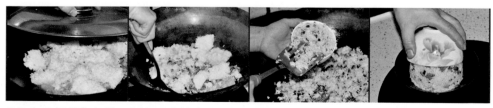

5 加入米饭并均匀盖于火腿粒和豇豆粒表面，调成中小火、盖上锅盖焖10分钟。

6 约10分钟水分烘干后，揭开盖子炒匀。

7 盛入碗中并压紧，便于成形。

8 好看、好吃的火腿焖饭就做好了。

芽菜臊子饭

| 主 料 |
米饭300克。

| 芽菜猪肉臊子料 |
菜籽油适量，猪肉馅500克，芽菜300克，姜片15克，花椒粒1克，料酒20克，酱油5克，白糖5克，味精3克。

| 小秘密 |
1 猪肉馅肥瘦比例为2：8最好。
2 炒好的芽菜臊子一周内食用完为佳。
3 每次取需用干净餐具。

制作过程

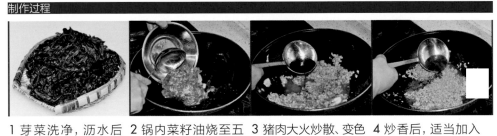

1 芽菜洗净，沥水后手工切碎，挤干水分，备用。

2 锅内菜籽油烧至五成热时，加入猪肉馅、姜片、花椒粒。

3 猪肉大火炒散、变色后，加入料酒。

4 炒香后，适当加入酱油并继续大火炒至吐油。

5 加入芽菜继续中火煸炒10分钟左右即可。

6 起锅前加入白糖、味精，炒匀后加在热米饭上就是一碗香喷喷的芽菜臊子饭了。

7 多出的芽菜臊子装入保鲜盒，放冰箱冷藏保存便于随时取用。

8 每次只需取出部分加热即可。

砂锅香肠饭

┃ 主　料 ┃
大米100克，土豆100克，熟香肠60克，青菜30克。

┃ 调辅料 ┃
盐2克。

┃ 小秘密 ┃
1 家里没有砂锅也可以用电饭锅。
2 青菜和色拉油下锅后，注意控制火力以免煳锅。

制作过程

1 大米、土豆切块、熟香肠切片。

2 大米、土豆块、盐、清水下锅后，大火烧开转中小火焖至收水。

3 加入香肠片。

4 再加入青菜和少许色拉油，小火加盖焖几分钟即可。

牛肉盖浇饭

▌主 料▌

米饭300克，牛腩500克，土豆500克。

▌调辅料▌

老姜20克，花椒2克，酱油10克，四川红油豆瓣50克，良姜1克，桂皮2克，草果1个，大料1个，料酒20克，盐5克，水淀粉15克。

制作
过程

1 牛腩洗净。

2 牛腩冷水下锅汆水，切块。

3 牛腩块下锅并加入清水、老姜、花椒、酱油。

4 再加入四川红油豆瓣。

5 再加入良姜、桂皮、草果、大料。

6 加料酒后用大火将牛肉烧开，转中小火烧1小时。

7 加入土豆块继续小火焖烧1.5小时。

8 加盐，牛肉盖浇饭的料头就做好了，这一锅料头可以做好几份牛肉盖浇饭。

9 将烧好的牛肉舀出一部分，烧开，以水淀粉勾芡。

10 将勾芡的牛肉和汁水浇于米饭上即可。

┃ 小秘密 ┃

1 为保证成菜口味，水需要一次加够，中途不可再加。

2 每份牛肉盖浇饭加多少料头，根据个人喜好随意添加。

酸菜肉丝盖饭

| 主 料 |

米饭300克，猪肉丝50克，泡青菜100克。

| 调辅料 |

猪油少许，鲜汤适量，姜片10克，味精2克，葱花3克，花椒粒1克。

| 小秘密 |

1 四川酸菜都比较咸，所以不能再加盐。
2 若增加辣味，还可以适量加入野山椒或小青椒。

制作过程

1 将泡青菜从泡菜坛中捞出，切丝。

2 锅内下猪油烧至六成热，下入猪肉丝炒散。

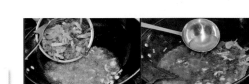

3 再加入姜片、花椒粒、泡青菜丝后继续炒出香味。

4 鲜汤下锅后烧30分钟，以味精调味，浇在米饭上，撒葱花即可。

时蔬煎蛋烫饭

| 主 料 |
鸡蛋1个，番茄150克，青笋尖50克，米饭300克。

| 调辅料 |
猪油少许，盐3克，白胡椒粉0.5克，葱花3克。

| 小秘密 |
1 第2步炒制番茄很重要，只有把番茄炒软后加水熬，才能将番茄味充分释放出来。
2 第3步加入清水的量不能太多。
3 最后加入青笋尖炒匀后即起，可保留青笋尖的清香味和色泽。

113

制作过程

1 锅内猪油烧至六成热，下入打匀的蛋液炒香。　　2 下入切好的番茄，继续炒至熟软。　　3 加入清水。

4 加入米饭。　　5 加入切碎的青笋尖、盐、白胡椒粉。　　6 起锅前加入葱花即可。

紫米红莲八宝粥

┃ 主　料 ┃

云南墨江紫米100克,大枣10个,红莲子30克,白糖3克。

制作过程

1 正宗云南墨江紫米是这样的。

2 紫米洗净、浸泡。

3 将泡好的紫米同清水加入熬粥的砂锅里。

4 泡好的红莲子一起下锅,大火煮开后转小火熬。

5 熬40分钟后,再加入大枣一起熬。

6 熬至紫米米粒软烂后,根据个人喜好加入适量的白糖调味,起锅即可。

┃ 小秘密 ┃

云南墨江紫米又叫双胞胎米和接骨米,是一种紫色糯米。正宗墨江紫米不能过于清洗,清水冲洗两次即可。

洋芋稀饭

▌主　料▌

香米100克，土豆150克。

▌调辅料▌

猪油少许，盐2克，葱花3克。

▌小秘密▌

1 熬粥时，清水需一次加够，中途不可再加。

2 熬制中，需轻轻搅动几次以免煳锅。

制作过程

1 香米加清水浸泡1小时。

2 土豆洗净、去皮后切小块。

3 锅内加猪油，烧至五成热，土豆块放入锅中，加盐煸炒。

4 泡好的米下入锅中，加入适当的清水。

5 大火烧开后转小火，继续熬1.5小时。

6 香浓的土豆粥熬好后，加入葱花即可享用。

川味汤圆

老成都三色汤圆

| 主　料 |

糯米粉450克，胡萝卜200克，菠菜200克，
汤圆馅适量。

1 胡萝卜洗净、切
块，加水，放入搅拌
机搅成糊状，过滤取
汁备用。

2 胡萝卜汁中加入糯米
粉,揉匀。

3 糯米粉搓条。

4 下成每个约20克
的均匀剂子。

5 汤圆馅料搓成5克
左右小圆球。

6 糯米粉子生坯捏成
小碗状。

7 放入汤圆馅。

8 收口后放于两手掌
心，均匀用力搓圆。

9 搓好的汤圆。

117

10 用同样方法，做出
菠菜汤圆；依次将三
种颜色的汤圆搓好，
放于纱布上。

11 水开后下入汤圆中
火煮熟，煮制过程中
需分次加入清水。

12 煮熟的汤圆起锅
装碗即可。

┃ 小秘密 ┃

450克糯米粉需分成三等份，再加入各色汁水。

老成都肉汤圆

| 主 料 |

糯米粉300克，蔬菜叶少许。

| 碗中调料 |

猪油少许，酱油6克，胡椒粉0.5克，葱花3克。

| 肉汤圆馅料 |

猪细肉馅150克，蛋清1个，淀粉20克，胡椒粉0.5克，姜汁10克，盐2克，鲜汤适量。

**制作
过程**

1 猪细肉馅加入蛋清1个。

2 再加入淀粉、胡椒粉、姜汁、盐。

3 最后加入鲜汤，顺时针搅拌均匀后放冰箱微冻。

4 冻好的汤圆馅料，拿出解冻并拌匀。

5 将小块馅料快速包入用糯米粉制成的汤圆皮中。

6 收口后快速搓圆。

7 碗底中加入猪油、酱油、胡椒粉。

8 加入1勺鲜汤。

9 将包好的肉汤圆下锅煮熟，起锅前烫入蔬菜叶。

10 煮好的汤圆装碗，撒葱花即可。

119

I 小秘密 I

1 肉汤圆馅料必须放入冰箱，微冻后才能包汤圆，否则汤圆无法成形。
2 肉汤圆馅料放入汤圆皮收口后搓圆时，注意力度，不宜久搓至吐水。
3 肉汤圆包好后及时下锅煮熟，生汤圆不能久放。

老成都芝麻酱汤圆

| 主 料 |
糯米粉300克，汤圆馅料适量。

| 调辅料 |
白糖20克，熟黄豆粉20克，芝麻酱30克。

| 小秘密 |
1 煮汤圆需水宽，煮制时间在水开10分钟左右。
2 煮汤圆需要中小火煮，保持滚而不开最好。
3 吃的时候小心烫嘴。

制作过程

1 盆内加入糯米粉。

2 加入清水后揉匀。

3 拌匀的糯米粉团应该干稀适度。

4 将糯米粉团分成每个20克左右的剂子，搓圆、按压，包入汤圆馅料5克。

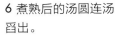

5 水开后将汤圆下锅，煮至汤圆浮起即可。

6 煮熟后的汤圆连汤舀出。

7 三种蘸料：芝麻酱、白糖、熟黄豆粉。

8 熟汤圆在蘸料中依次裹匀即可食用。

老成都珍珠圆子

| 主　料 |

糯米粉100克，粳米粉50克，汤圆馅料适量，糯米30克，枸杞子少许。

| 小秘密 |

1 糯米浸泡时间一定要足够8小时，中途注意换水两三次。

2 裹米可换成西米。

3 枸杞子可换成红樱桃。

4 蒸制时火力不宜过大。

制作过程

1 糯米用清水泡8小时，沥水成裹米备用。

2 蒸笼底部垫竹叶。

3 用糯米粉、粳米粉，汤圆馅料做好汤圆，均匀裹满糯米。

4 裹米后的汤圆用手轻轻揉搓。

5 珍珠圆子生坯放于蒸笼中。

6 点上枸杞子。

7 做好的圆子生坯。

8 水开后蒸15分钟即可。

叶儿粑

| 主 料 |

糯米粉120克，粳米粉30克。

| 叶儿粑馅料 |

猪肉150克，猪油50克，料酒20克，酱油20克，芽菜40克，姜粒10克，葱末30克，花椒粉
1克，白糖2克，味精2克。

制作过程

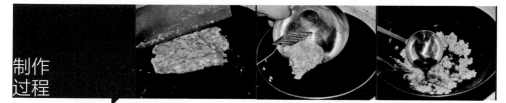

1 猪肉剁碎。　　2 锅内下猪油烧至五成 　3 下料酒、酱油炒香。
　　　　　　　　热,加入猪肉碎炒散。

4 猪肉炒香吐油后下　5 装碗后加入姜粒。　6 再加入花椒粉、葱　7 拌匀、凉冷,放冰
入芽菜,炒匀起锅。　　　　　　　　　　末、白糖、味精。　　箱微冻。

8 像包汤圆一样,　　9 搓成椭圆形。　　10 椭圆形生坯放于柚　11 依次将生坯放入
将馅料搓圆后放入　　　　　　　　　　子叶上。　　　　　蒸锅。
糯米粉、粳米粉制
成的坯中。

12 水开后,用中大
火蒸15分钟即可。

┃ 小秘密 ┃

1 叶儿粑可根据自己喜好调整大小。
2 糯米粉中必须加入粳米粉,否则成品太软不宜成形。
3 柚子叶可用粽叶、芭蕉叶等代替。
4 猪肉肥瘦比例为4:6较适合。

腊肉豌豆粽

▎主　料▎

糯米150克，豌豆50克，腊肉粒150克。

▎调辅料▎

花椒1克，盐1克，粽叶、绳子各适量。

1 豌豆、腊肉粒、糯米、盐、花椒经加工处理后拌匀，备用。

2 两张粽叶重叠后，折过来转一圈。

3 加入拌好的糯米腊肉料至八成满。

4 用筷子插一插让其更紧密。

5 两边的粽叶往中间轻压。

6 预留的粽叶折过来压住。

7 用预先准备好的绳子捆好，绳子的一头固定住，这样捆扎易用劲，包好的粽子也是一串一串的。

8 捆紧绳子，封闭接口。

9 包好的粽子，一串一串的挺好看。

10 加水，放在锅内水开后，再煮1.5小时就可以了。

| 小秘密 |

1 腊肉需要事先煮熟，切成豌豆一样大小；糯米提前泡2小时；粽叶洗净，用开水焯一下，泡清水备用。糯米和腊肉的比例是1∶1，对于我这样的"肉控一族"才过瘾；花椒依据个人喜好添加，如果腊肉过咸就不要再加盐。

2 粽叶对折时，注意光滑的叶面部分在里面。

3 接口的绳子一定要捆紧，否则你就准备喝糯米粥吧。

酱香猪肉粽

| 主　料 |
去皮猪肉300克，糯米300克，豌豆50克。

| 调辅料 |
酱油30克，蚝油20克，盐5克，胡椒粉1克，料酒15克，粽叶、绳子各适量。

| 小秘密 |
1 猪肉肥瘦比例为3∶7最好。
2 包粽子的方法参考腊肉豌豆粽。

制作过程

1 猪肉切成约1厘米大小的块。

2 切好的猪肉拌入酱油、蚝油、盐、胡椒粉、料酒，码味约3小时。

3 糯米清水泡3小时后沥水，加入酱油。

4 糯米中加入豌豆。

5 加入码味后的猪肉块。

6 拌匀后包成粽子，煮约2小时即可。

香辣排骨粽

I 主 料 I

糯米300克，猪排骨300克。

I 调辅料 I

郫县豆瓣酱10克，花椒粉0.5克，酱油10克，辣椒油10克，五香粉1克，料酒10克，味精3克，粽叶、绳子各适量。

I 小秘密 I

1 包排骨粽子要选宽大一些的粽叶。
2 选购猪排骨时，应选肉多的净排骨，而不要龙骨。

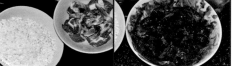

1 排骨剁成小块、糯米泡水发透、粽叶洗净。

2 排骨加入郫县豆瓣酱、花椒粉、酱油、辣椒油、五香粉、料酒、味精调味，腌约3小时。

3 调好味的排骨加入泡好的糯米拌匀，这样煮熟后的粽子才美观；糯米需沥干水分。

4 将排骨糯米料包成粽子，煮约2小时即可。

127

麻辣牛肉粽

▍ 主　料 ▍
糯米300克，牛腩300克。

▍ 调辅料 ▍
小米辣辣椒粉15克，花椒粉2克，豆腐乳5克，五香粉2克，鸡精3克，醪糟15克，辣椒油20克，盐5克，姜粒5克，粽子、绳子各适量。

▍ 小秘密 ▍
1 包大片牛肉粽子必须用糯米打底，以便成形饱满。
2 此法也可用于制作大块的排骨粽子。
3 牛肉粽子煮制时间较长，也可以用高压锅压1小时。
4 糯米需泡约3小时，沥干水分备用。

制作过程

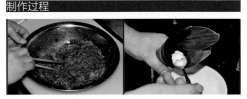

1 牛腩切大片后加入小米辣辣椒粉、花椒粉、豆腐乳、五香粉、鸡精、醪糟、辣椒油、盐、姜粒拌匀，腌3小时。

2 粽叶裹好后，加入少许泡好的糯米打底至两成满。

3 再加入码味后的牛肉至六成满。

4 加糯米至八成满后包成粽子，煮约3小时即可。

八宝紫米粽

| 主　料 |
紫米100克，糯米100克，八宝料100克。

| 调辅料 |
红糖30克，粽叶、绳子各适量。

| 小秘密 |
1 八宝料包括花生米、绿豆、红豆、薏米、干百合、腰豆、大枣、枸杞子。
2 大枣去核后加于粽子中间。
3 八宝紫米粽需煮约3小时。

制作过程

1 八宝料用清水泡约3小时。

2 糯米泡约3小时，紫米泡约8小时，沥干水分备用。

3 将糯米、八宝料、紫米加红糖拌匀。

4 包成粽子，煮熟即可。

煮凉粉

▎ 主 料 ▎

米凉粉200克。

▎ 碗中调料 ▎

小米辣3克，豆豉5克，盐1克，酱油3克，味精2克，辣椒油10克，花椒粉0.5克，茴香2克，葱花2克。

> **▎ 小秘密 ▎**
> 米凉粉又叫米豆腐，清水煮至透心滚烫，即可食用。

制作过程

1 米凉粉切大块，放入锅中用水煮透。

2 碗中加入小米辣、豆豉、盐、酱油、味精、茴香，调匀。

3 捞出滚烫的米凉粉。

4 淋上辣椒油、花椒粉，撒葱花即可。

凉拌米凉粉

| 主 料 |
米凉粉150克。

| 碗中调料 |
蒜泥2克，酱油3克，醋4克，白糖5克，花椒粉0.5克，味精1克，红油香辣豆豉15克，葱花适量。

> | 小秘密 |
> 1 红油香辣豆豉是用菜籽油、豆豉、辣椒粉、白糖炒制而成。
> 2 香辣豆豉也可以用老干妈豆豉代替。

制作过程

1 米凉粉切长条，装碗。

2 碗中加入调料：蒜泥、酱油、醋、白糖、花椒粉、味精。

3 浇红油香辣豆豉。

4 撒葱花即可。

红糖年糕

❙ 主　料 ❙
年糕200克。

❙ 调辅料 ❙
菜籽油适量，红糖50克，黄豆芝麻粉30克。

制作过程

1 红糖加少许清水，上笼蒸20分钟。

2 融化的红糖糖浆晾凉，需要达到一定的浓稠度吃起来口味才佳。

3 这是黄豆芝麻粉，由熟黄豆和熟白芝麻打磨而成。

4 年糕切块。

5 锅内菜籽油烧至六成热，下入年糕油炸，并一直保持此油温。

6 注意，用筷子将粘在一起的年糕分开。

7 待年糕炸至颜色金黄时，夹出放在黄豆芝麻粉上。

8 用红糖糖浆尽情地在年糕上绘画吧。

鲜玉米粑

| 主 料 |

鲜玉米粒150克，糯米粉50克。

| 调辅料 |

色拉油适量。

| 小秘密 |

1 新鲜玉米自带甜味，所以无需再加糖。

2 不要买那种五颜六色或太甜、太嫩的玉米。

3 煎炸时油不能过多，原料下锅不粘锅即可。

制作过程

1 新鲜玉米粒放入家用粉碎机中。

2 加盖后打碎。

3 打碎的玉米加入糯米粉，拌匀。

4 用勺子舀出、定形。

5 锅内色拉油烧至六成热，中火慢煎。

6 双面煎熟的玉米粑起锅、装盘。

野菜馍馍

| 主 料 |
糯米粉100，面粉50克，野菜30克，鸡蛋1个。

| 调辅料 |
盐2克，花椒粉0.5克，菜籽油适量。

| 小秘密 |
选用各种野菜都行，例如棉花草、荠菜、青蒿、野韭菜等。

制作过程

1 糯米粉、面粉中加入鸡蛋、花椒粉、盐、清水，调匀成面糊。

2 将洗净的野菜切碎。

3 面糊中加入野菜，搅匀。

4 锅中菜籽油烧至六成热时，舀入面糊。

5 全程保持六成热油温。

6 炸至双面金黄，即可起锅。

老成都酸辣粉

| 主 料 |

红苕水粉200克。

| 碗中调料 |

辣椒油15克，酱油5克，醋10克，花椒粉少许，芽菜2克，大头菜粒3克，盐1克，味精1克，葱花2克，芹菜花2克，油酥花生米2克，油酥黄豆2克。

| 小秘密 |

1 红苕水粉可以用红苕干粉丝代替，但红苕干粉丝需根据实际用量提前用开水涨发。

2 烫粉丝时，还可以适当烫点蔬菜叶。

制作过程

1 部分调料：葱花、辣椒油、油酥花生米、油酥黄豆、大头菜粒、芹菜花、花椒粉、芽菜、

2 将所有调料放入碗中，调成酸辣粉碗料。

3 红苕水粉。

4 锅内水开后，冒粉。

5 碗料中加入鲜汤。

6 烫好的粉丝捞入碗料中，即可。

老成都肥肠粉

| 主 料 |

红苕水粉200克。

| 煮肥肠原汤料 |

新鲜肥肠1000克，姜片20克，葱段20克，花椒粒1克。

| 碗中调料 |

酱油5克，盐1克，花椒粉少许，味精2克，辣椒油15克，芽菜3克，芹菜花2克，葱花2克，油酥黄豆2克，油酥花生米2克。

制作过程

1 新鲜猪肥肠反复洗净，氽水。

2 锅内加水，放入氽水、治净后的肥肠、姜片、葱段、花椒粒，大火煮两三个小时至肥肠熟软、汤浓色白。

3 煮好的肥肠捞出，凉后切小块，备用。

4 将红苕水粉和切好的肥肠装入肥肠粉专用竹漏中，下至肥肠原汤中煮至滚烫。

5 将酱油、盐、花椒粉、味精、辣椒油、芽菜装入碗中，调配成肥肠粉调味料。

6 红苕水粉和肥肠原汤中煮几分钟即可。

7 将滚烫的肥肠和红苕粉连汤带水的加入调味料碗中。

8 最后加入芹菜花、葱花、油酥黄豆、油酥花生米，一碗滚烫鲜香无比的肥肠粉就做好了。

| 小秘密 |

1 熬煮肥肠原汤时，还可以加入猪棒骨、治净后的猪肺，这样汤味会更加香浓。

2 红苕水粉可以用干粉丝代替，但需提前依据用量以开水涨发。

3 每碗粉加多少肥肠依据自己口味。

老成都火锅粉

| 主 料 |

干红薯宽粉100克。

| 碗中调料 |

牛油火锅底料15克，香辣豆豉10克，花椒粉少许，芝麻油5克，味精2克，大头粒2克，芽菜粒2克，蒜泥5克，芹菜花2克，葱花2克。

| 小秘密 |

1 不同的干粉丝涨发时间略有不同，需根据情况调整涨发时间。

2 不同的牛油火锅底料咸度、辣度也不同，所以在加入碗中调料前需要尝味，以便增减用量。

3 喜欢吃酸味的，还可以适当加醋。

制作过程

1 干红薯宽粉冷水下锅，水开后小火煮10分钟后关火再加盖闷10分钟，备用。

2 碗里加牛油火锅底料、香辣豆豉、花椒粉、芝麻油、味精、大头菜粒、芽菜粒。

3 再加点蒜泥。

4 调好味的碗中加入鲜汤，放入微波炉加热15秒左右，以牛油火锅底料融化即可。

5 将煮好的宽粉加入调味碗中。

6 最后加入芹菜花和葱花，好吃过瘾的火锅粉就做好了。

老成都旋子凉粉

▎主 料▎

旋子白凉粉150克。

▎碗中调料▎

酱油3克，醋5克，蒜水5克，盐1克，白糖1克，味精1克，花椒粉少许、辣椒油10克，油酥黄豆1克，油酥花生米1克，小葱花2克。

▎小秘密▎

这种白凉粉是用豌豆淀粉加开水熬煮而成，其豌豆淀粉和水的比例1:5~1:10。制作凉粉时，细腻纯净度高的豌豆淀粉比普通豌豆淀粉同等分量加水更多，制作出的白凉粉品质也更高。

制作过程

1 旋子白凉粉就是用这种工具，在整块白凉粉上手工切下的。

2 碗中加入酱油、醋、蒜水、盐、白糖、味精、花椒粉。

3 将调好的调料淋在凉粉上，加入辣椒油。

4 加入油酥黄豆、油酥花生米、小葱花即可。

老成都红油豆花

| 主 料 |
内酯豆腐1盒。

| 碗中调料 |
酱油3克，盐2克，味精2克，花椒粉少许，大头菜粒2克，辣椒油10克，葱花2克，油酥花生2克，油酥黄豆2克。

| 小秘密 |
1 内酯豆腐和家里自己做的豆花嫩度相当，这样就免去了在家打豆浆、点豆花的麻烦。
2 内酯豆腐整盒煮10分钟左右烫热即可，如果时间过长内酯豆腐会变成蜂窝状，影响口感。

制作过程

1 内酯豆腐在开水中烫热。

2 用勺子趁热舀出豆花，一片一片地舀，这样才有层次。

3 加入酱油、盐、味精。

4 加入花椒粉。

5 加入大头菜粒、辣椒油。

6 加入葱花、油酥花生、油酥黄豆即可。

麻辣土豆片

| 主　料 |

土豆300克。

| 调辅料 |

盐5克，菜籽油适量，辣椒粉5克，花椒粉0.5克，味精1克，葱花2克。

1 土豆去皮后均匀切　2 土豆片加盐码味
薄片。　　　　　　　10分钟。

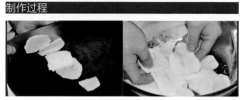

3 冲水后沥干。　　　4 锅内菜籽油烧至五
　　　　　　　　　　成热时，依次下入沥
　　　　　　　　　　干水分的土豆片。

| 小秘密 |

切土豆片一定要均匀，否则炸出的土豆片会颜色不均匀，甚至有些煳了、有些还不酥脆。

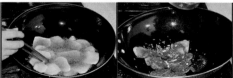

5 浸炸至土豆片两面　6 将油全部滤出，下
金黄。　　　　　　　入辣椒粉、花椒粉、
　　　　　　　　　　味精、葱花拌匀，即
　　　　　　　　　　可装盘。

老成都臊子蒸蛋

| 主 料 |

鸡蛋2个，猪肉臊子30克。

| 调辅料 |

盐2克，酱油3克，葱花3克。

| 小秘密 |

1 蒸蛋的火力不可过大，中火即可。

2 蛋液中加清水的量在100克～150克。

3 猪肉臊子做法参考老成都素椒杂酱面。

制作过程

1 碗中磕入鸡蛋。

2 鸡蛋加盐后调匀。

3 加清水后再次调匀，撇去蛋液表面的浮沫。

4 蒸碗碗口覆盖保鲜膜，密闭上笼蒸10分钟。

5 蒸好后加入猪肉臊子。

6 加入酱油和葱花即可。

美极香椿蛋卷

┃ 主　料 ┃

香椿芽30克，圆白菜丝30克，鸡蛋3个。

┃ 调辅料 ┃

盐2克，美极鲜酱油3克。

┃ 小秘密 ┃

1 香椿芽用开水烫熟，可以有效释放香椿的特有香味，并减少有些人对香椿的过敏反应。

2 制作蛋皮时锅内温度不可过高，以防止蛋液煳锅。

3 若喜欢重口味，还可以用辣椒油加盐调制香辣调料，蘸着吃。

制作过程

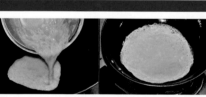

1 鸡蛋和香椿芽。　2 鸡蛋加盐后打散。　3 炒锅放少许油烧热，加入蛋液。　4 鸡蛋下锅后慢慢转锅，将其制成蛋皮。

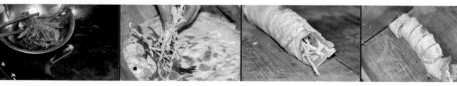

5 香椿芽用开水烫熟。　6 烫熟的香椿芽、圆白菜丝加入美极鲜酱油，拌匀后放在蛋皮上。　7 裹成卷。　8 均匀切段，即可装盘。

苦荞煎蛋

┃ 主 料 ┃

鸡蛋2个，苦荞叶30克。

┃ 调辅料 ┃

淀粉10克，盐2克。

┃ 小秘密 ┃

1 没有苦荞叶可以用葱花、韭菜、青菜叶代替。

2 蛋液中加入淀粉，成菜口感会更嫩滑。

制作过程

1 苦荞叶和鸡蛋。　　2 碗中磕入鸡蛋，加入淀粉、盐，搅匀。

3 加入切细的苦荞叶。　4 锅内色拉油烧至五成热，下入蛋液。

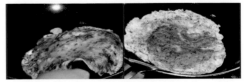

5 注意翻面。　　6 两面成熟后即可出锅，改刀装盘。

醪糟荷包蛋

| 主 料 |
鸡蛋2个。

| 调辅料 |
醪糟15克，白糖15克。

| 小秘密 |
1 白糖可以用红糖代替。
2 煮鸡蛋时，还可以加入糯米小汤圆同煮。

制作过程

1 两种不同的土鸡蛋。

2 高品质的醪糟一定是纯糯米酿成，色泽米黄、颗粒饱满、香甜适口。

3 水开后转中小火，下入鸡蛋。

4 起锅前，加入白糖、醪糟即可。

香煎土豆饼

| 主 料 |

土豆300克，鸡蛋2个。

| 调辅料 |

糯米粉50克，菜籽油适量，盐2克，葱花3克。

| 小秘密 |

1 土豆洗净、切条后不可再洗，保留土豆条自身的淀粉对于成菜口感很重要。

2 土豆条下锅煎炸时，一定要注意控制火力，火力需要保持均匀，以免煳锅。

3 蛋液下锅前，可以将锅内多余的油滤出一部分，以免成菜太过油腻。

制作过程

1 土豆去皮、洗净，均匀切条后加糯米粉，拌匀。

2 锅内菜籽油烧至五成热时，均匀下入土豆条，中火煎至熟透，注意翻面。

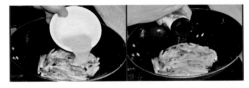

3 加入打匀的全蛋液。

4 两面均匀撒盐，继续煎至两面金黄、熟透，即可。

5 起锅后，趁热改刀为长方块。

6 装盘，撒葱花即可。

酥皮黄金梨

┃ 主 料 ┃
生红薯500克，糯米粉50克。

┃ 调辅料 ┃
鸡蛋2个，面包糠100克。

┃ 小秘密 ┃
1 梨把可选用新鲜叶子。
2 炸制时，切忌高油温。

制作过程

1 红薯去皮，上笼蒸熟，自然冷却。

2 蒸熟的红薯压蓉，加糯米粉拌匀。

3 捏成梨形。

4 裹上全蛋液。

5 再均匀裹上面包糠。

6 顶部扎一个小洞，成梨坯。

7 锅内放油烧至五成热，下入梨坯炸至表面金黄色。

8 安上梨把，装盘即可。

鲜果金窝窝

| 主　料 |
面粉125克，玉米粉125克，猕猴桃150克。

| 调辅料 |
酵母粉3克，白糖5克。

| 小秘密 |
可以根据季节将猕猴桃换成其他水果或干果。

制作过程

148

1 面粉、玉米粉加酵母粉、白糖、125克清水和匀，以30℃发酵2小时,搓条并下成每个约30克的均匀剂子。　2 将剂子搓圆，用大拇指搓入面团中间，不断转动造型。　3 揉捏成锅底形的窝窝生坯。

4 将切成块的猕猴桃填入生坯中。　5 在蒸笼上刷油，将窝窝均匀放在蒸笼内醒10分钟。　6 大火蒸10分钟，关火闷3分钟即可。

老成都豆汤

I 主 料 I

耙豌豆100克, 米饭150克。

I 调辅料 I

猪油、鲜汤各适量, 盐3克, 味精2克, 胡椒粉1克, 葱花3克。

I 小秘密 I

四川耙豌豆是用干豌豆加清水浸泡8小时, 淘洗换水后再煮2小时, 沥水即可。

制作过程

1 锅内猪油烧至五成热, 下入耙豌豆炒香。　2 加入鲜汤。　3 加入米饭烧开。

4 加盐、味精、胡椒粉调味。　5 装碗。　6 撒葱花即可。

银耳汤

┃ 主 料 ┃
银耳30克，大枣10克，枸杞子5克。

┃ 调辅料 ┃
白糖20克。

┃ 小秘密 ┃
1 选购银耳时不能购买颜色太白或有硫磺味的，正常的银耳应该是淡黄色并有银耳特有的香味。
2 银耳下锅熬制过程中切忌开大火，因为银耳汤有黏性，很容易煳锅。
3 熬银耳汤的水量需一次加足够。

制作过程

1 银耳用温水洗净，泡发。　2 发好的银耳冷水下锅。

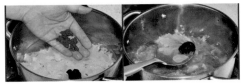

3 加入大枣、枸杞子烧开。　4 烧开后转中小火，熬煮约2小时以白糖调味即可。